そのママでいい

発達障害の子を育てる
あなたに贈る43のエール

田中康雄 監修
橋口亜希子 著

中央法規

プロローグ

まずはじめに、この本を手にとって、最初のこのページを読んでくれた皆さまに、深く御礼を申し上げたいと思います。多分、一生に一度しか書けない、何度も涙を枯らしながら渾身の思いで私が書いたこの本を手に取ってくださり、本当にありがとうございます。

この本は、私と同じように悩み苦しんでいるママたちに向けて、「そのママの私」を伝えることが、少しでもママたちの癒しになってほしいと思って書きました。

私の人生は、田中康雄先生のおっしゃる通り、発達障害のある子の子育てだけでなく、自身の過去も含めて苦難の連続でした。若かった頃の私はこの人生を恨んだりもしましたが、今はそんな気持ちはこれっぽっちもありません。

本当は当たり前じゃない、当たり前を生きてきた人たちにはわからない、本当は普通じゃない、普通を過ごしてきた人たちにはわからない、発達障害のある息子の子育ては、そして私の人生は、言うならば「決して学び終わることのない大学」での学びを私に与えてくれたと思っているからです。

日々突然に、衝撃的にやってくるわが子の困りごとへの対処法をいつでもどこでも学び、数え切れないほどの失敗はそれまでの自分を壊し、新たな自分の発見であると痛いほど学び、周囲からの冷たい視線や無理解の壁に何度直面しても、それでも立ち上がる勇気を学び、やがて、失敗や困難は学びのチャンスと思えるようになったからです。

だから、もしかしたらこの本は、息子の親として拭い去ることなんてできない自身の至らなさへの痛烈な批判と、多分きっとほかの誰かじゃなく、私が私の人生に称賛を送りたくて書いたのかもしれません。

時に、発達障害を手掛かりとしたユニバーサルデザインコンサルタントとして現在活動している私を、「ただの母親が、一介の親が何を言っているのだ」と馬鹿にする人もいます。講演会では登壇者の私が母親だとわかると、あからさまに机に突っ伏して寝てしまう人もいます。

でも、それでも私はくじけません。その人たちには見えていない世界がただあるだけだとわかっているからです。そして、私の強さは、私が経験してきた困難や弱さをありのままにさらけだすことだと誰よりもわかっているからです。そしてそれは、私と同じように悩み苦しみ、「そのママ」でいることに自信が持てなくなってしまっているママたちの癒しや勇気になるともわかっているからです。

だから、もしあなたが私と同じように悩み苦しんでいたら、この本をペラペラとめくって気になるタイトルの部分だけでも読んでほしいのです。そして私がさらけだした弱さを通して、あなたのすぐそばに同じような思いをしている人はいなくても、一歩視点を広げて見たら、この世界には同じような思いをしている仲間がいることに気がついてほしいのです。

社会の日常に埋もれているただの母親である私が本を書くなんて、誰が想像していたでしょう。中央法規出版・編集者の三井民雄さんが私の言葉と思いを見つけてくださり、泣きながら書くため遅々として進まない原稿を、温かく優しさに満ち溢れた眼差しで見守り待ってくれたおかげで、この本は完成しました。

そして、この本をさらにママたちの大きな癒しと勇気につなげる本とするために、田中先生にコメントを書いていただきました。この本をママたちに響かせるためには社会的に無力な私だけじゃダメだとわかっていたので、田中先生には何度したかわからない一生のお願いをしました。

田中先生は私にとって、藁にもすがる思いで私が初めて参加した発達障害の講演会で登壇されていた方で、また私たち親子の命の恩人であった二上先生と同じように「そのママでいる」ことの礎を私に築いてくださった尊敬し信頼する存在です。

この場を借りて深く感謝を申し上げるとともに、お二人の力添えがあって完成したこの本を、「そのママでいいあなた」に贈ります！

橋口亜希子

目次

第4章 家族のこと

本人のこと

第5章 学校のこと

第6章 将来のこと

第1章

本音のところ

01

育児書通りにいかない！
――書いてある通りにいかないが9割

私は息子を妊娠したとわかったとき、待ちに待った赤ちゃんが自分にもやってくるのだと、本当にうれしくてたまりませんでした。周囲の友人たちの出産が続いていたから、なおさらです。当時、流行っていた育児雑誌を買って、もちろん初めての妊娠と育児のバイブル本も数冊買って、毎日、毎日それを読んでは、育児に対する夢を大きく膨らませました。

腕をゆりかごのようにして優しく抱きしめると、赤ちゃんはスヤスヤと気持ちよく寝てくれます。その姿はまるで天使のようで、赤ちゃんの存在が人生最高の幸せなのだと。

本に書いてあるとおりに母親として精一杯育てれば、子どもは順調にすくすくと成長し、その姿は母親としての自信を着実に、確実に、積み重ねていけるものなのだと。

わが子をお腹に宿したとき、こんな風に育児をしたいと、誰もが理想を抱くのではないでしょうか？　そして、核家族化社会で身近に頼れる人がいなくても情報に恵まれている現代だからこそ、育児書がバイブルとなっている方も多くいるのではないでしょうか？

でも、私の子育ては育児書どおりにいかないことの連続でした。

最初のつまずきは、まったく寝ないことでした。寝るとしても私が抱っこしてないと寝ない。どんなにそうっとお布団に置いても、ちょっとした物音やちょっとした置き方で起きて泣いてしまい、一からやり直し。

ミルクをあげても勢いよく飲みすぎて一気に吐いてしまうので、疲れて寝てもお腹がいっぱいじゃないのか、すぐに起きてしまう…。そんなことが繰り返されるたびに、どこか見落としている部分があるのではないか、病気などを見落としているのではないかと本を読み返したり、調べ直したりしましたが、原因も対処法も全くわからないままでした。

こんな状態で、ほとんど寝られず食欲も落ちた私は、体質的なこともあるとは思いますが、産後1週間で10数キロ痩せて、妊娠前の体重をどんどん下回り体力も気力も落ちていきました。ある真夜中、冬に生まれた彼を実家のストーブの前に立ちながら抱っこして寝かしていたら、いつの間にか自分も寝てしまって、ストーブに倒れる寸前で目が冷める出来事がありました。「このままいったら子どもも私も死んでしまう」そう感じた私は、もうろうとしながら両親に「あげる」と言って息子を渡しました。

母親として寝かせることができない自分への嫌悪感と、でもそれ以上にどうしようもない眠気に負けてしまう自分の図太さに呆れながら、泣きながら寝たことは今でも忘れられません。その後、幼少期まで続いていく過程でも、本のとおりにいかないことの連続でした。

発達障害とわかった今だから言えることですが、実は彼がお腹にいる時からつまずきがあったんです。妊娠バイブルには「胎動は喜び」って書いてありますよね。胎動を感じ始めた最初の頃は、バイブルどおり喜びそのものでしかありませんでした。でも、臨月に近づいていくにつれて、その喜びは苦痛になりました。私のお腹の中で彼はすでに多動で、異常なほどぐるぐると回転するし、お腹を蹴るときは、彼のかかとの骨がくっきりお腹の表面に浮き上がるほど強く蹴るので、痛くてつらかったのです。

でも初めての妊娠で、それが普通じゃないってことがわからなかった私は、苦痛と感じてしまう自分を責めていました。ほかの人は耐えられるのに、なんで自分はこんなことも我慢できないのだろうかと。

発達障害のある子の子育ては育児書どおりにはいきません。

そのことが親の不安をますます増大させて、一方で親になった喜びをどんどん縮小し、本にある「一般的なお子様の成長」という言葉が周囲から途方もなく孤立させていく。私と同じように、普通じゃないことがわからず、普通ができないことに苦しんでいるママは多くいると思います。

だから、もし今の私が当時の私にアドバイスするとしたら、「子育てを美徳として神話のように謳《うた》っているバイブルは、いっそのこと捨ててしまいなさい」と伝えたいです。

大切なのはあなたの目の前にいるわが子なりの育ちを、悪戦苦闘しながらも支え見守ることであって、育児書どおりに育てることではないのだと、昔の私に伝えてあげたいです。

02

あらゆる手を尽くしてもうまくいかない

——10年後に成果が表れてくることも

何をしてもうまくいかない。人生には数度、誰にでもそんな時がやってくるのかもしれない。

でも私の人生は、「おかしいでしょ!?」「なんでいつもあたしばっかり?」というくらい、何をしても、ありとあらゆる手を尽くしてみてもうまくいかないことが、これでもかと何度もやってきました。

特に発達障害のある息子の子育てにおいては、うまくいかないことの連続でした。

うまくいかない混乱の中で、必死で調べてやっとたどりついた成功方法とされる情報どおりにやってみたり、すがる思いでたどりついた支援者や先輩ママのアドバイスを受けてみたり、あの手この手と手は尽くしているのに、それでも一向にうまくいかない。

何か見落としているのかもしれないとさらに調べる気力が残っている時はまだいいけど、そんな気力すらなく余裕がない時は「私だからうまくいかないんだ」と自己嫌悪、自己否定を繰り返しちゃったりして。

そんな時は人生を呪いながら、

「生きるってつらいんだよ」と旦那さんを極度に心配させる発言をしてみたり、大好きなフランクル（ヴィクトール・フランクル。オーストリアの精神科医）の本を読んで「人は生きているんじゃなくて生かされているんだから、こんな人生でも意味がある！」と必死で念仏のように自分に言い聞かせてみたり、

「もうどうにもならねぇ〜！」と駄々をこねて拗ねて、ひたすらサスペンスドラマをエンドレスで見まくったり…

もしかしたら、これを読んでるママたちの中にも、何をやってもうまくいかない、

あらゆる手を尽くしてもうまくいかない堂々巡りの中で苦しんでいる人がいるかもしれない。

もし私と同じように苦しんでいるママたちがいたら、その苦しさを知ってる私は安易に「大丈夫」なんて言うことはできないけれど、でも、あなたより、ちょっとだけ先輩の私から一つだけ言えることがあるとしたら、必ず抜け出せるゴールはあるということ。これは間違いないって断言できる！

特に子どもが小さい頃の子育ての渦中にいると、抜け出せるなんてとても思えないけど、今この瞬間の無駄に思える、途方に暮れるだけの苦悩は、実は確実に積み重なっていて、その積み重ねた経験値が活きる瞬間がある日突然、手立てとしてやってくるんです。

私の場合は、それが1か月後だったり、5年後だったり、10年後だったり、子育てを終えた今だったりしたけど、ふっと抜け出せる瞬間は必ずやってきました。それまで、ずっとどうしていいかわからなかったのに、こうすればよかったんだとか、子どもがすんなり言うことを聞いてくれるようになったり。

そして、子どもの成長とともにその日々を経ていくごとに、少しずつだけど、自分の気持ちにケリをつけていくコツもわかるようになってきちゃったりする。

「99パーセントの苦悩であきらめてしまったら、残り1パーセントの希望には出会えない」なんて、確か先人の誰かが言っていた(?)ように、信じられないと思うかもしれないけど、1パーセントの希望は必ずやってくる。

だから、今あなたが尽くしている手立てをどうか無駄だと思わないでほしいのです。

03

手をつなぐ親子を見るたび、うらやましさと葛藤《かっとう》

――「できない」だらけでも「できる」にプチ幸せあり

普通の子育てができない私は、周囲に見える親子がうらやましくてたまりませんでした。日々の日常生活の中で見える一瞬、一瞬の世界がすべてうらやましくてたまらなかった、と言っても過言ではありません。

どうしてあの親子は楽しそうに会話ができるのだろう？　うちは、息子の世界が広すぎて、時折、私が何を言っているかわからないと、息子が怒り出してしまうのに。どうしてあの親子はあんなに静かに食事ができるのだろう？　うちは、ガシャガシャと落ち着かず、ゆっくり静かに食べることなんてできないのに。

どうしてあの親子は仲良く手をつなぐことができるのだろう？　うちは、一緒に買い物に行っても、私の手を振り切って迷子になることもいっぱいあるのに。

あまりに外に見える親子が理想すぎて、その姿を目の当《まあ》たりにするたびに、私たち親子には「できないこと」を見せつけられているようで、周囲へのうらやましさと、うちはうちと割り切りたい気持ちとの葛藤がありました。そのうらやましさと葛藤は私の視野を狭め、ますます私たち親子に「できないこと」ばかりが気になるようになりました。

人と比べるからつらいんだと、周囲をうらやむ自分を責めてみたり、うらやましくなるくらいなら外の世界を見なければいいのだと外出を控えたり、それまで親しかったママたちとの連絡を一切絶ってみたりしましたが、どんな手立てを使ってみても、結局、子育てを終えるまで私の中から外の世界に見えるうらやましさが消えることはありませんでした。

でも、最近になって、小さかった息子と私のある場面を思い出すんです。その場面を思い出すたびに、小さかった息子が愛おしくて、「できないこと」がいっぱいあった彼なりに一生懸命に必死で私についてきていたんだと反省し、そしてそれは私たち親子にとってかけがえのない「できること」の貴重な瞬間だったのだと実感したのです。

当時、シングルマザーだった私は、働きながら子育てをする忙しさと経済的に節約を心がけているなかで、唯一、私たち親子にとって楽しみな外食がありました。それは「立ち食いうどん」を一緒に食べること。

静岡では有名なお店で、立ち食いとは思えないおいしいしらす天ぷらが載っていて、うどんもコシがあって、出汁もめちゃくちゃおいしい。そして、大盛りは100円増だったので、親子で分け合えばお財布にも優しい。

立ち食いですから、食べるテーブルが大人仕様でとても高くて、小さい息子には届かないんですよね。だから、台を持ってきて台に靴を脱いで登って、私の横にぴったり立って食べるんですが、普段落ち着きのない子が、台から落ちないように一生懸命に立って、熱いうどんをこぼさないように必死で食べて、でも「お母さん、おいしいね」「お母さんはうどんが大好きだから、もっといっぱい食べていいよ」なんて、声までかけてくれる。

周囲と比べてうらやましさという暗黒のなかにいた私たち親子にだって、「できたこと」があったじゃないか！　その瞬間は些細なことかもしれないけど、私にとってはとても愛おしくて、私が死んであの世に行っても絶対に忘れないと確信すらしている、めっちゃいい思い出があるじゃないか！

息子と行った立ち食いうどんは、泣いちゃうけど輝いている幸せな思い出だって、今になってわかったのです。

04

自信なんて全然ない。母親いや人間失格!?

——自責の悪循環のときは、自信のなさをチャラにする

「活動している橋口さんは、本当にいつも明るくて元気でキラキラしている」と言われることが最近増えました。そして「どうやったらそんなふうに元気でいられるのか。どうやったら自信を持てるのか教えてほしい」とママたちから質問を受けることもあります。自分ではキラキラしているとかそんな風に思ったことはありませんが、どこか私は、発達障害のある子の親として成功者のように見えてしまっているのかもしれません。

でも、私自信なんて全くないんです。もっと言えば、息子の子育てにおいては母親失格、いやいやそんな甘いもんじゃなく人間失格じゃないかと思えるほど、実は自責の塊でしかないんです。だから全然成功者でもなんでもないんです。

私にはどうしても実現したいお母さん像がありました。そしてそれは、いつも怒っていて、抱きしめることも頭をなでてくれることもなかった自分の母親のようには絶対ならないと決めていたことでもありました。

もちろん今はそんなことは思わず、私の母親自身も大変な子ども時代を過ごし、必死で私たち子どもを育ててくれたことに感謝しかありません。でも、自分が母親になるとわかった瞬間から、子どもをたくさん抱きしめて、頭もいっぱいなでて、愛情たっぷりに育てるんだと、とにかく優しいお母さんになることが私の実現したいお母さん像だったわけです。

でも実現したいお母さん像に私はほど遠かった。なりたくない私の母親と同じように、いつも怒ってばかりで、抱きしめるどころか突き放したこともあったし、頭をなでるどころか叩いてしまったこともある。

なんて自分はひどい人間で、母親失格、いやいや人間失格だと思えてならなかったのです。そう思うたびに、私の生きるための自信貯金が減っていきました。

また、周囲の視線からその自信貯金を減らしたこともあります。どれくらいまでだったでしょうか、息子が高校生くらいまででしょうか。私は息子のことを知っている周囲のママたちの目が怖くて仕方ありませんでした。誤解がないように最初に申し上げておくと、そのママたちが睨んでいたわけでも、悪意があったわけでもありません。

それでも、保育園から高校までずっと、発達障害の特徴ゆえの目立つ言動や度重なるトラブルが起きるたびに、周囲のママたちの視線が「親がちゃんとしてないから」「なんであの子はいつもこうなの」「迷惑なのよね」と言っているようで、その視線を感じるたびに自信貯金が減っていきました。

発達障害のある子の親は、生きるための自信貯金を失いやすいと私は思っています。自分の心の葛藤《かっとう》と周囲の視線、その両方が重なった時は特に減りやすい。でも、だからと言って周囲からの安易な「自信を持って」なんて言葉はかえって傷ついて、「言葉一つで自信が持てたら、こんなに悩んでないんですけど」って逆ギレしちゃうかもしれない。

自信貯金が減っていくのに自信をつけられない私は、生きていくために必死で考えました。そして閃いたのが「自信のなさをチャラにする」ことでした。

何をやっても自分はダメだと思う悪循環にいるときは、普通なら自信になる出来事がそう思えない状況にいるわけです。「いやいや、今回はたまたまで――」「いやいや、こんなことは大したことなくて――」と自分を認めることができないのです。

そんな状態の私は、働くことでバランスをとることにしました。母でもなく、妻でもない、１人の人間として評価も責任も伴う仕事のやりがいや達成感のプラスと、子育てのつまずきでへこたれてるマイナスとを足して、プラマイ０《ゼロ》、つまりチャラにすることにしたのです。

自信はつけられないけど、子育て以外の別のことで得るプラスでチャラにする。その方法が私にはしっくりはまり、チャラにできることですごく楽になって生きやすくなりました。

もう一つ、落ち着いて過去を思い出してみると、思わぬところに自信のなさをチャラにできる出来事がありました。

私は、息子が1歳過ぎた頃から、毎晩、桃太郎の絵本を読み聞かせていました。絵本を読むことが、私の母親像を実現してくれる唯一のことのように思えて、そして暴れん坊の息子が眠りにつくその姿が天使のようで愛おしくてたまらないその瞬間こそ、母親になれたような気がして、毎晩、毎晩、「桃太郎を読んで」とせがむ息子に読み聞かせをしました。


1年くらい経ったある晩、いつものように桃太郎を読もうとすると「むかし、むかし、おじいさんとおばあさんが…」と息子が話し始めました。どうしたのかなと思っていると、あれよあれよという間に全部話し終えてしまったのです。なんと桃太郎の話をセリフ一つ間違わず全部記憶していたのです。

このことを思い出した時、私の自信のなさが少しですがチャラになりました。私が毎晩読み続けたことが息子の暗記という形でご褒美をもらえたような気がしたんです。大したことではないかもしれませんが、こんな些細なことでも自信のなさがチャラになることもあるんですよね。

05

「みんな違ってみんないい」……これはこだまでしょうか？

――イライラをユーモアに変えてみる

これはこだまでしょうか？

「食べる？」っていうと「食べない」っていう。
「いる？」っていうと「いらない」っていう。

「じゃ、食べないね？」っていうと「やっぱ、食べる」っていう。
「じゃ、いらないね？」っていうと「やっぱ、いる」っていう。

そうして、あとでしんぱいになって、
「食べる？」ってきくと「食べない」っていう。

「いる?」ってきくと「いらない」っていう。
これはこだまでしょうか。いや、こんなのこだまじゃねぇ!

あまのじゃくな息子と日々繰り返されるこのやり取りに疲れた私は、ある日、金子みすゞさんの有名な詩「こだまでしょうか」に置き換えて、そのイライラをユーモアに変えました。そうでもしないと、ああ言えばこう言うと、必ず反対言葉を切り返してくる彼に余裕を持って接することなんてできなかったのです。

なので今では、食べるだろうと思った時は「食べないよね」と聞き、いらないだろうと思った時は「いるよね」と聞くようにしています。

「発達障害」。どんなに頭でわかっていても、どんなにわが子を理解したいと思っていても、どうしてもどうしても心がついていけなくて、つらくなっちゃうときってありますよね。特にこんなやり取りの時は、「ふざけんじゃねぇ」と、昔流行ったなめ猫のように「なめんなよ」ハチマキを頭に巻いて戦闘態勢に入りそうになってしまう(いや何度も入った)。それがどんなに無駄だとわかっていても、後でどんなに後悔するとわかっていても、ついついムキになっちゃう。つらいですよね。

だから、そんな時はユーモアで乗り越えてみるのも一つの手！　親父ギャグ大好き、常にオチを考えて、どんなに真面目な会議でも、どんなに大事なメールでもクスッと笑える一文を考えることに全力を注ぐ私の格言は「人生はユーモアだ！」です。

一見ふざけているように見えるかもしれないけど、そうやってユーモアに変えないとやってられないことが私の人生にはたくさんあって、ユーモアに変えた瞬間、心が少し楽になって、引きつってめっちゃ怖い顔だったのが、ニヤリと企みのあるかわいい笑顔になったりして、ユーモアが人生の苦難を乗り越えさせてくれたんですよね。だから、ユーモアは私にとって人生そのものなんです。

「鈴と、小鳥と、それからわたし、みんなちがって、みんないい」金子みすゞ

「息子と、ユーモアと、それからわたし、みんなちがって、みんないい」橋口亜希子

06

子どものせいでも、親のせいでもない

——誰かを責めても何も変わらない。そんなときは

もし今、誰かが「子どものせい」だとお子さんを責めていることに心を痛めていたら、どうか、どうか、全力でお子さんを抱きしめて守ってあげてほしい。

私たち大人は誰か別の味方で代用がきくことがあっても、子どもにとって最大の味方である親は代用がきかなくて、あなたに抱きしめてもらえることがどれだけ大きな安心と支えになることか。また、お子さんを抱きしめることは心を痛めたあなた自身を抱きしめることでもあるから。

もし今、誰かが「親のせい」だとあなたを責めていることに心を痛めていたら、どうか、どうか、まずはカチンコチンの石になって自分の身を守ってほしい。

すぐに謝りたくなったり、思わず反応して相手を責め返したくなるかもしれない。

でも、私の痛い経験ではどちらもうまくいかないんだ。少し余裕が持てて冷静に物事が見られるまでの間、そのまま固まっていても全然大丈夫だから。

そして、もし今、あなたが「わが子のせい」だと、お子さんを怒り、責めて、つらくなっていたら、どうか、どうか、まずはそんな自分を否定せず受け止めてほしい。あなたのプライドやメンツが潰れてしまうような現実に起きる出来事に、心がついていけないいんだよね。目の前にいるのは大人に太刀打ちなんて到底できっこない弱い子どもだと頭ではわかっていても、子どものせいにしないと気が収まらないほど、あなたもつらいんだよね。子どもを責めたことのある私は、あなたの気持ちがよくわかるよ。

最後に、もし今、あなたが「わたしのせい」だと、自身を責め、否定し、落ち込んでいたら、どうか、どうか、自分で自分をやさしく抱きしめてほしい。

私は知ってるんだ。あなたがこの瞬間も、どんなときでもいつだって、お子さんのことを真剣に考えて、あれでよかったのだろうか？　こうすればよかったんじゃないか？　と日々一生懸命考えているからこそ、自分を責めちゃうことを。

私たち親子は何かあると、とかく「子どものせい」「親のせい」と人から責められることがたくさんありました。もっと言えば、私自身が「息子のせい」とわが子を責めたこともありました。でも、子育てが終わった今だからわかるんです。

当たり前のことだけど、発達障害は「誰のせいでもない」ってことが。

人間は弱いから、誰かのせいにした方が楽。誰かを責めるって、知らないことやわからないこと、自身の価値観や常識にないこと、理解できないことが目の前で起きたときに、どうしていいかわからなくて人は責めちゃうのかもしれない。でも、誰かを責めても何も変わらないんですよね。

発達障害のある人たちが一番つらいことは、「なんでこんなこともできないの？」とか、「なんでわからないの？」とか責められること。そのことを一番わかっている私たちが、誰かを責めちゃいけないって思うんです。だから、責められることのつらさを一番にわかってる私たちが、相手を責めずに伝えたり、教えたりしていくことが大切なんじゃないかなって思う。

やさしさって、人に責められるつらい思いをした人だからこそもてることなのかなって思える今日この頃です。

田中康雄先生からのメッセージ①

こんなふうに，一組の親子を，一人の母の思いを，知ってしまってよいのだろうか。たしかにここには，本音がある。子育てのなかで，生きてきた母の思いが書かれている。生まれてからずっと，理想の親子に，希望の母になろうとして挫折してきた話のなかに，小さな光が，わずかな心の重なりが書かれている。

ひょっとして，とボクは思う。封印されていた，温かい思い出が，ここで語る本音のなかで，ようやく日の目をあびることができた。そのためにこの本はあると思ってもよいのかもしれない。

いくつかの公的な仕事で，ご一緒してきたなかで，橋口さんの行動力にいつも感心し，そのついて行けないほどのスピードに，時に助けられた。でも同時に，時には戸惑ったこともある。

こんなふうに，これまで知らなかった橋口さんの世界を見聞きしてよかったのだろうか。逃げも隠れもしない，本音の思いを。

橋口さんらしいと思う。強さと寂しさを感じてしまう。痛々しさも感じてしまう。だから，確かに「本音のところ」なんだと思う。橋口さん，よくがんばってきたね，まだ途上だけれど，よく生きてきたねと，つい読みながら声に出してしまった。

でも。きっと橋口さんは，「こんなエピソードは，ほんの一部よ」と，カラカラと笑いながら，涙をこぼすんだろうなぁ。

第2章

生活において

07

「トラブル」→「怒る」の繰り返し
――かと言って「褒める」言葉は大きなストレス

私には今でも目にすると心が痛くなる言葉があります。

「子どもは褒めて育てる」

私は息子を褒めることがほとんどできなかった。いつも怒ってばっかり。今、息子に彼が小さかった頃のお母さんの絵を書いてとお願いしたら、多分、鬼ばばぁのようなめっちゃ怒り顔の私を書くのではないかと思えるほど、怒ってばっかりだった。

頭ではわかっているんですよ。褒めなくちゃいけないって。もっと言えば、怒ったってどうにもならないことだってわかってる。発達障害のことだって、たくさん勉強したから頭ではちゃんとわかってる。でも、目の前に起きるトラブルや出来事に感情がついていかなくて、どうしても怒っちゃう。

息子が小さかった頃のある日、私は彼とデパートに行きました。上の階に行こうとエレベーターに乗ろうとしたら、中には既に10数名の人が乗っていました。少し嫌な予感がしましたが、息子が静かに乗ったので安心したのも束の間！ ドアが閉まった瞬間、彼は後ろを振り返って、後ろにいるおじさんにこう言ったのです。

「おじさんの頭はどうしてピカピカ光ってるの？」

その瞬間、おじさん以外の人が誰を見たかというと、息子じゃなくて私なんです！こんなことを言う子の親はどんな顔だという冷たい視線で、そして声に出さない声で「どういうしつけをしているの？」と無言の叱責。息子には内言語が外言語、心の声が口に出てしまう特徴があるとはわかっていても、失礼極まりない発言に恥ずかしいやら、ひたすら謝りたくなるやら、頭にくるやらで、大勢の人たちの前だけど怒りが爆発する寸前でした。
するとそのおじさんが息子にこう言ってくれたのです。

「おじさんの頭はね、髪の毛がぜーんぶ抜けて、毛根がふさがっちゃったから、ピカピカになっちゃったんだよ」

それまで、冷たい視線と無言の叱責を私に向けていた人たちが笑いに包まれました。小さい息子に「毛根がふさがっちゃった」がわかったかどうかはわかりません。でも息子は「うん、わかった。おじさん、バイバイ！」と言って、何事もなかったようにエレベーターを降りて、おもちゃ売り場へ走って行きました。

私はそのピカピカのおじさんに救われたと思いました。だって、これまでだって同じように息子の言動で周囲の人やお店に迷惑をかけてしまったり、その時の周囲の冷たい視線があまりにつらすぎて、「来るな」とは言われないけど、気後れして行けなくなってしまった場所がたくさんあったから。

こんなことが日々の日常生活のなかで、公の大衆の面前で、これでもかっていうくらい起きる。そのたびに、親の私の自尊心はズタボロになって、情けないけど自分を守りたい気持ちも出てきてしまって、怒っちゃいけないと頭ではわかっていても心がついていかなくて、どうしても怒っちゃう。いや、誰だってこんなことが毎日、毎日起きたら怒っちゃうんじゃないかな。

そんなときに決まって私の心にぐさっと突き刺さる言葉、それが「子どもは褒めて育てる」なんですよね。

今でも、電車の吊り広告なんかにその言葉が載っていたりすると心が痛くなって、そうできなかった自分への嫌悪感と、「それができれば苦労しないっちゅうの」と反論する気持ちなどなどで、複雑な気持ちになります。

支援者の人たちはこんなこともよくママたちに言います。

「親が変われば、子どもも変わる」

でも、どうか、その何気なく、いかにも正論なこれらの言葉を、ママたちにかけるのをやめてほしいのです。そこには、そうしたくてもそうできない苦しさがあって、その苦しみのなかで必死にママたちはもがいているのです。

朝起きるたびに、今日こそは優しいママになろうって覚悟を決めても、その覚悟を上回るくらいの予想だにしないトラブルが起きる…頭ではわかっていても、怒りたくなくても怒っちゃう。褒めようと思っても褒められない。そんな苦境にいるママたちにとって、それらの言葉はストレスそのものでしかないのです。

じゃ、どうしたらいいのか？

「親を支えれば、子どもも変わる」

後輩ママたちのために、私はそんな社会になってほしいなとつくづく思うのです。

08

菓子折りはいつも常備。謝り続ける日々

――謝ることは必要。子どもと周囲の理解はもっと必要

息子が小さい頃、わが家には常備菜ならぬ「常備菓子折り」を用意していたときがありました。それも簡素なものではなく、地元のお菓子屋さんで売っているようなちょっと品のある菓子折り。

ちょこまかちょこまかと動き回り、思い立ったら即行動の息子は、保育園や小学校で過ごしている時に、その特徴も影響してお友達とトラブルになることがたくさんありました。

息子の名誉のために言っておきますが、彼はトラブルを起こしたくて起こしているわけじゃない。もっと言えば、彼にもちゃんと理由があってトラブルになっているんですね。例えば、やめてって何度言ってもやめてくれないから手が出ちゃったとか、

お友達同士がけんかをしていて正義感たっぷりに仲裁に入ったらけんかの主人公になっちゃったなど。彼には彼なりの理由があるのです。

しかし、どんな理由があれ、けんかになって、相手の子に手を出しちゃったとか、物を壊しちゃったらそれはちゃんと謝らなければならない。その時に登場するのが「常備菓子折り」なんです。立て続くトラブルのたびに、菓子折りを買いに行くのは大変だし、何より気が重くて、トラブルがあった日は謝るための外出以外はできれば家に閉じこもっていたい。

そこで、考えたんです。「謝ることがいつしか日常的になっているのだから、それだったらいっそのこと常備しておけばいいんだ！」と、まとめ買いをするようになったというわけです。

思い返せば、息子が生まれてから私は謝り続けてきたような気がします。そしてそれはいつしか常習化し、誰かに話しかけられると反射的に「すみません」と言うようにまでなっていて。キツツキ人形のように頭を下げるたびに、私自身が地の底に近づいていくようで、いつしか空を見上げることさえ億劫になっていて下を向いて歩く。まるでそれは人生のどん底をただ1人歩いているようで。

私と同じようなママたちに、よく周囲の人たちはこんなアドバイスをします。「ママが下を向いて歩いていたらダメよ」「ママが元気を出さなきゃ、子どもが元気出ないじゃない」

確かにそうかもしれない。でも、私はそんな言葉をかける前にどうかお願いしたいのです。そのママがどんな思いで頭を下げて謝っているのか、どんな背景があって今ここにいるのか。

そこには謝り続けることしかできなくて、自信なんてこれっぽっちもなくて、下を向いていないと生きていけないほど追い

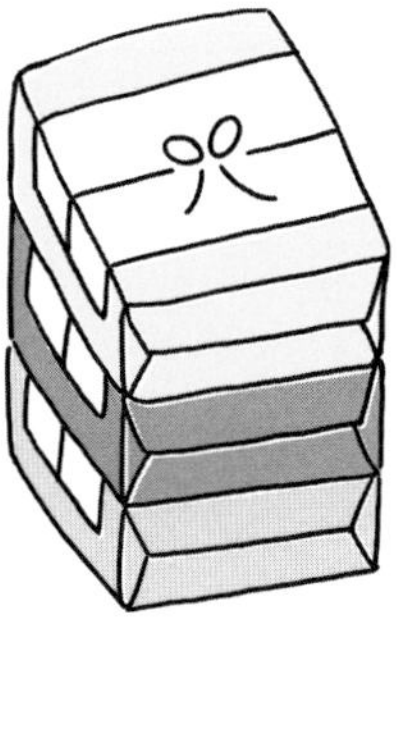

詰められて、でも子どもがしたことはいけないことだからと、絞り出す思いですみませんと謝っている。私のように日々菓子折りを買い求めるママたちも多くいるのです。

私はネガティブな言葉を発し続けると、人生もネガティブになると思っています。なぜなら、言葉が人生をつくるからです。

だから、どうかどうか、こんな謝り続けているママたちの周囲にいる人たちにお願いしたいのです。ママが「すみません」ではなく「ありがとうございます」と言えるような状況、環境にしてもらえないでしょうか？　謝らなくちゃいけないことに対して謝った後も、今度はそうならないように一緒に手立てを考えるなど、ママたちが最後には「ありがとう」と言えるような見守りと支援をしてほしいのです。

ポジティブな言葉はポジティブな人生を招く！

私のようなママたちがポジティブな言葉を発せられる社会に、どうかどうかなりますように。

09

子どもとのバトル。思春期は揺れ幅が倍に

――今は雨風をしのいで、必ず嵐は止むから！

「あたしと大好きな旦那さんの大切な家に、何しちゃってくれたわけ?!」

思春期の息子とのバトルは、時に激しさを増して、その被害に遭ってしまうのが、私と旦那さんの大切な家。家が被害に遭うたびに、私はまるであちらの世界の人のように、ガニ股で息子に詰め寄りました。

ドアを強く蹴ったためドアを受け止める部品がパコーンと外れてしまったり、電気のスイッチを拳で強く殴ったためスイッチがバカになってしまったり、我が家には思春期の息子の勲章が刻まれています。

本当は懺悔すると、頭に来すぎて持っていたお皿を床に投げつけて、私自身が大切な家に傷をつけてしまったことも…「いやいや、息子と私とは別の問題！」なんて言

い訳したくなりますが…

思春期が壮絶だということは、先輩ママから聞いてはいましたよ。でも、こんなにも大変だとは思いもしなかった。一般のお子さんでも揺れる思春期が、発達障害の特徴が加わってその揺れ幅が倍増し、息子はまるで宇宙人になりました。

興味のあることを一方的にしか話さないことや、彼の世界が広すぎて何を言っているのか、時折わからなくなることはそれまでもあったけど、思春期が加わってますます彼との会話が成立しなくなっていきました。

かと思えば、「君は二重人格か?」と真剣に疑うほど友達とは饒舌に話し、「この家にはマウンテンゴリラババアがいる」なんて、意味不明なことを楽しそうに家の前で話す始末。さすがに友達の前では、スネ夫のお母さんのように「そんな言葉使いはいけないでざますよ」と上品ぶりましたが、友達が帰った後、私がいつものあちらの世界の人のように、「よぉ、よぉ、この家は動物園ですか?」と睨みを利かせて詰め寄ると、一瞬にして口を閉ざしてしまう。

一言・片言で私には通じると思っている彼と、理解するために深掘りして彼の真意を聞きたいと宇宙へ交信し続ける私とのバトルが頻繁に家の中で繰り広げられる日々が、数年続きました。それは、まるで長くて止み時が一向に見えない嵐のようでした。

先輩ママとして活動する私のところには、後輩ママたちから思春期のことについて相談を受けることがたくさんあります。でも、自身が太刀打ちできなかった経験からも、私は後輩ママたちには「今は雨風をしのぐことに徹しよう」と伝えます。そして、少し視点を変えてお子さんを見られるようにユーモアもたっぷり込めて、怒りに震えそうな時は「憎たらしいのは子どもじゃなくて、思春期ホルモン♪と3回念じてみて」と伝えています。これが、雨風をしのぐ方法の一つでもあるからです。

残念だけど、この思春期ホルモンは誰にもどうにもできない。子ども自身だってどうにもできなくて困っているのかもしれない。だからそんな時は、立ち向かうのではなく、雨風をしのぐように、時には耐えて、時にはひょいひょいとかわして、しのぐことが大切なんじゃないかなと思うのです。

ちなみに私が一番使った方法、それは……パンクとロックをガンガンに聴くこと！
オススメですよ。

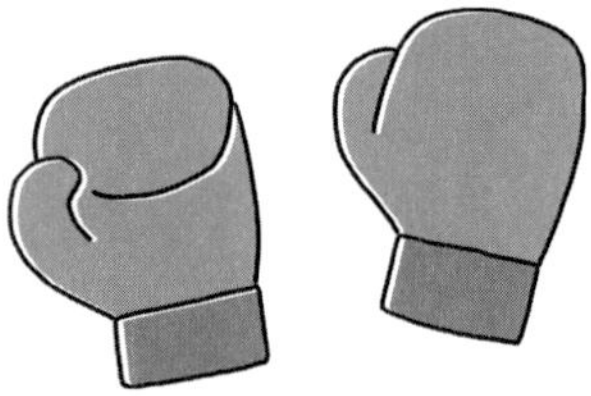

10

手作り料理を用意しても見向きもされない

——偏食の食育は、本人と家族の平和を守ること

「卵かけごはん！」

ある日、会社の人が息子に「お母さんのつくる料理で一番好きなものは何？」と聞いたら返ってきた答えです。「それ、お母さんつくってないじゃん！」とその場は笑いの渦になりましたが、実は私にとっては深刻な悩みでした。

ここ最近になって、発達障害のある子の特徴として「偏食」がやっと着目されるようになりましたが、息子が小さい頃は誰も理解してくれなくて大変だったのです。

息子は離乳食を食べ始めた頃は、「きみは大食い選手権に出るのか？」というくらいガツガツ食べていたのですが、1歳半を過ぎた頃でしょうか、昨日まで食べていたごはんを一切食べなくなりました。口を一文字にしてイヤイヤ、あの手この手を使っ

ても口は一向に開かない。お腹が空けばいつか食べるだろうと思っていたら、数日経ってもごはんは一切食べない彼に私は焦り、それまで思うように育児ができなくて悩んでいたことも重なって、私は思わず彼のほっぺたを初めて叩いてしまいました。

その時の息子の顔が今でも忘れられず、こんな小さな子を叩いてしまった自分への許せなさと情けなさが、何としても食べさせなければと私を躍起にさせせました。

「部屋とYシャツと私」ならぬ、肉とキャベツとお米くらいしか食べない息子がどうやったら食べてくれるのか、私は必死で考えました。彼はお米も白いご飯だけでは食べられないので、唐揚げや餃子などのおかずを細かくちぎってご飯に混ぜてからおかずと一緒に食べるといった、彼なりのこだわりがありました。

その頃はシングルマザーだった時でもあり、お金がなかったので安い食材を買って、彼の好きなものをメインにしながらいろいろな物が食べられるようになるよう、毎日手をかけ時間をかけつくっていました。

ある日、保育園の先生が笑いながら私にこう言いました。

「お母さん、味噌汁つくれる?」

私、その時、初めてネグレクト(育児放棄)を疑われていたことに気がついたんですね。多動でいつもエネルギー全開の息子は、ちっちゃくてガリガリでした。その上、給食は年に1回完食できるかできないかだし、普通のお子さんだったら喜ぶチョコレートやスナック菓子も食べないとなったら、これはシングルマザーで、お母さんが料理ができなくてほとんど食べさせてないからだろうと思われたわけです。

若いママ=料理ができないと、自分で言うのもなんですが見た目が若く見えたことも、ネグレクトを強く確信させたようでした。

これ実は私、今でも思い出すとつらいです。今も泣きながら書いてます。だって、息子がいろんな物が食べられるように、私がどんな思いで必死にやってきたのか誰もわかってくれない。それも、周囲には見えないところで必死にがんばっていても、シングルマザーや見た目、子どもが偏食で食べられないということで、私はダメな母親だと評価されてしまう。そんな悔しいことってある?

よし、今日は彼の好きなハンバーグをつくろう。でも少しでも野菜が食べられるようになってほしいから、ニンジンやピーマンをものすごく細かく刻んで、よし今日は黒ゴマも入れてみよう。おいしそうにできた！　さぁ、お母さんと一緒に食べよう！　でも、息子はまるで昔のお殿様の毒味係のようにハンバーグを凝視し、上げたり下げたりして匂いを嗅いで、次に分解し始める。そして黒ゴマを見つけた瞬間、「これはなに？」と質問責め。最後には黒ゴマが毒を持った虫だったら僕は死んじゃうとまで言って泣き始める。

本当だったら「てやんでい！」と、ちゃぶ台をひっくり返したいけど、我慢して彼の好きなものだけを食べさせる。それが卵かけご飯だったりするわけです。

こんなことが毎日、毎日、周囲には見えない家の中で繰り返されているのに、笑われてバカにされて、ネグレクトが疑われてしまう。こんな悲しいことないです…

「食育」という言葉が、息子の成長とともに私の肩の荷としてビッグになっていくなか、主治医だった二上先生がこうおっしゃってくださいました。

「お母さん、アメリカ人を見てみなさい。毎日マクドナルドに行って、ハンバーガーやフライドポテトを食べていても彼らは生きている。大切なのは何を食べるかではなく、息子さんやご家族が楽しく平和に食べることです。それが息子さんにとって一番の食育です」

いつも二上先生の前で泣いてばかりの私でしたが、その時はそれまで以上に号泣しました。そして、小さかった彼のほっぺを叩いてしまった自責は、何としても食べさせるではなく、家族が平和に食べられる方法を編み出すエネルギーへと変換されました。

今はというと…そんな苦労がありましたが、もしかしたら唐揚げと餃子は息子にとってお袋の味になっているのかもしれません（一つでもなっていてほしい！）。「か・ら・あ・げ」と我が家で活発な家族ＬＩＮＥを送ると、この時ばかりは即既読、「食べる！」とすぐ返事が来ますし、餃子は私がいないところで旦那さんに「やっぱり家の餃子はおいしいな～」と言って食べていたそうです。

一つでも彼の心に残る料理があれば、それでいいなと思えるこの頃です。

11

絶望からの親子心中未遂。私の活動の原点

――転んでから立ち上がって気づいたこと

私は母親として、いや人として、してはいけない罪を犯しました。
それは、息子を山に捨てに行ったこと。

なんでそんなことしちゃうのか、とてもとても信じられないって思うでしょ？
でも仕方なかった。

だって、周囲の人たちが言うように、どんなに注意しても、どんなに怒っても、どんなに叩いても、息子は私の言うことなんて聞いてくれないし、周囲の人たちに迷惑をかけてばかり。

「しつけがなっていない」「母親の能力がない」しまいには「人間失格」とまで言わ

れて、息子と同じように周囲から叱責され続けた母親の私は精一杯やるだけのことをやった（つもり）。

言うことを聞かない息子の人間性に問題があると私は思った。だから、息子を山に捨てに行った。

雨が降りしきる夜、狂気に満ちた私は泣き叫ぶ息子を車に押し込み、アクセル全開で山を登りました。大人でも怖い、街灯すらない山奥に着いた私は、嫌がる息子を車から引きずり下ろし、「人に迷惑をかけてばっかりのあんたなんか、山奥で一人ぼっちで暮らせばいい！」と怒鳴り叫び続けて、どこもつかみようのない車に必死でしがみつく息子を振り切って、アクセル全開で山を降りました。

でも、やっぱり捨てきれなかった…

500メートルくらい山を下ったところで、ハンドルに突っ伏して泣いていたら、いつもかけっこではビリかブービーしかとれない息子が、この走りだったら絶対に一番って速さで山を下ってきました。

なんてことをしちゃったんだろう！！

山を下ってきた息子のこの世のものとは思えない、究極の悲しみに満ちた表情を見た瞬間、この子が悪いんじゃない、周囲の言う通り母親の能力のない人間失格の私が子どもを産んだことがいけなかったんだとすべてを悟り、私たち親子が周囲に迷惑をかけたすべての責任を取るために、この子を殺して自分も死のうと息子の首を締めて親子心中未遂を図りました。

こんなことをしちゃう母親を、私を、信じられないって思う？

でも、その時の私には仕方なかった。
見るものに色はなく、聴こえる音はただ単調、そんなモノクロの世界はただただ絶望でしかなくて、そうすることしか思いつかなかった。

だって、そうでしょ？
誰一人私たち親子のことを理解してくれない、発達障害の知識なんてこれっぽっちも持ち合わせてない私が、これ以上周囲と社会に迷惑をかけないために必死で考えた唯一の方法だったんだから。

どんなに謝ったって、私が死んであの世に行ったたって、許されない罪…
ずっと私は、自分が犯してしまった罪に悩まされていました。

でも、最近気がついたんです。当時は絶望でしかなかった息子を山に捨てに行ったあの夜の言葉が、実は希望が見えた瞬間だったのだと。
それは息子を殺して自分も死のうと彼の首に手をかけた時に、彼が純粋無垢な眼差しで私に向かって言ってくれたあの言葉。

あの言葉がなければ今、私は生きていないし、その言葉がなければ発達障害の理解啓発活動をすることも、続けることもできなかった。

ずっと絶望だと思っていたあの言葉は、実は、息子が私に生きるという大きな希望を見せてくれた瞬間、そして、それこそが、私の活動の原点…

「お母さんにこんなつらい思いをさせてごめんね」

12

転機あり。私たち親子の命の恩人との出会い

――きっと1人はみつかる理解者

「お母さん、ここまで本当によく頑張りましたね。この子たちを育てることはとてもとても大変で、普通の人にはできません。よくここまで息子さんを育ててくれましたね。息子さんを育ててくれて本当にありがとう」

親子心中未遂から2か月後、私たち親子の未来は暗黒の絶望でしかないと確信していた最中、こんな言葉をかけてくれる存在がいることなんて、誰が想像できたでしょう。

私たち親子の転機、そして私の希望が見えた瞬間、それはこの言葉をおっしゃってくださった二上哲志先生との出会いです。この言葉がなかったら過言でもなく、私たち親子はこの世に今、存在していません。

「ブラックホールって先生は信じる？　ねぇねぇ、見たことある？」
「ねぇねぇ、先生は遊戯王って知ってる？　僕ね、すごい強いブルーアイズ・ホワイト・ドラゴンってカード持ってるんだよ！」

いつだって、どんな時だって、子どもの一番の味方の二上先生の診察は、決まってこんな息子との会話から始まります。

「そんな話を今しなくても…」と気が気じゃない私をよそに、まるで息子の同志のように、周囲の大人が相手にしないどんな話でも熱心に聞いてきちんと答えてくれる。そして、最後には必ず「医者の僕に何かできることはあるかい？」と聞いて終える。

「ねぇねぇ、どうして僕はお薬を飲むの？」
「僕ね、怒っちゃいけないってわかってても怒っちゃうの。どうしたらいい？」

もしそこで息子がこんな質問をしたら、診察時間を延長してでも必ず息子の話を聞いて、何度繰り返し聞かれても、何度でも同じ説明をし、何度でもより良い方法（コッ）を教えてくれました。

息子と話した後には母親の私と話しますが、その間に息子が宿題をがんばってやっていようものなら、二上先生はニコニコしながら宿題のノートに「医者の僕のサインは、学校の先生がすごいって褒めてくれるよ」と言って、よくできましたと一筆書いてハンコを押してくれました。そんな二上先生はいつの日か息子の尊敬する人になり、二上先生のような医者になることが当時の息子の夢になりました。

でも、そんな二上先生が亡くなってしまった…

決して枯れることなんてない涙を親子でどれだけ流したことでしょう。私たち親子は希望の存在を失って、これからどうやって生きていけばいいのか。

いやいや、へなちょこで、ばかでドジでまぬけな母親の私の拠り所である二上先生がいなくなっちゃったら、泣いて怒って凹んでばかりの育児を誰が支えてくれるのか。

途方に暮れるお別れ会の翌朝、リビングの窓を開けると、レースのカーテンが天井にまで届く強風が吹きました。でもそれは強風なのにとても優しくて私を包み込むような風。

二上先生が風になってやってきた！

亡くなる前に二上先生がお別れ会で流すようにご家族に伝えていた「千の風になって」のとおり、二上先生が本当にやってきた、そう私は確信しました。すると二上先生の声が心に聴こえました。

「答えはいつだって橋口さんの中にあるよ」

そう、いつも二上先生が言っていた言葉。月に1回しか診察できない医者の言葉に頼るのではなく、自身の中にある答えを見つけること。それがこの子たちの育ちに必要な支援なんだよ。

過言でもなく、この言葉があるから私は生きてこれた。

そして、時折、風になった二上先生のやさしさを風に感じながら。

ればよいかと，多くの親は思うはずである。でも，「褒めて育てよ」は，正論すぎて，異論を唱えることは，絶対できない。

それでも，ちょっと視点をずらせば，偏食指導よりも，食べたいものを，一緒に楽しく食べることはできるはず，二上哲志先生の言葉は，できなくてもがんばらせる正論ではなく，今，できそうなことを楽しく行う。正論以上に有益な助言である。

二上哲志先生は，学習障害を臨床という俎上に載せ，親子を支えてきた精神科医である，とボクは理解している。詳細は恥ずかしいほどに知らない。でも，ボクが発達障害に足を踏み出したときには，すでに，彼らの生活を臨床で支え続けていた臨床家であると，ボクは勝手に理解している。そして橋口さん親子も，当然この二上哲志先生によって，生活を支援されていた，とボクは思っている。

だから，生活の章で二上哲志先生のお名前が登場するのは，まったくもって当然のことなのである。

田中康雄先生からのメッセージ ②

親を支えれば，子どもも変わる，名言です。それ以上に，マウンテンゴリラババアはなんて素敵な言葉でしょう。なんといってもゴリラババアではなく，マウンテンゴリラババアですから。

閑話休題。爽やかな朝の日差しのなかで，とても生産性の高い午前を過ごし，すこし休息をとって，午後に残った仕事をこなし，夕暮れを迎える。夕暮れはなんとなく寂しい。どことなく明日に希望を託しながら，明日を信じて，帰路に就くが，夜になって，明日が本当に来るのだろうかと思いながら眠りに就く。

生活と呼ぶこの一日は，人生に似ている。そして気分のよい時に振り返ると，生活は黄昏のなかで，結構楽しい雰囲気でよみがえる。

家族の何気ない風景，一見どこにでもあるようなエピソード。でも，これはエピソード，ちょっとした話ではなく，繰り返す日常なのだ。

つねに家に菓子折が常備され，家の傷跡もまた日常化する。そんな生活のなかでも，褒めて育てよ，と世間は言う。

ボクは褒めることができるには，相応の余裕がないとできないと思っている。だから，こうした助言は，相手のエネルギーの量によって使用の有無を検討する。どんなにエネルギーが低下していても，伝えることができるのは，現状を承知し，労うことだけである。

この状況も母は，わが子のためにすこしでもよいと思われることをする。そのためのハンバーグさえも却下される。どこをどう褒め

第3章

自分（ママ）のこと

13

診断後も心は休まらず、受容は簡単じゃない

――診断名の受容じゃなくて、困りごとの受容を

「注意欠陥多動性障害（ＡＤＨＤ）」初めてこの言葉を聞いたとき、体が震えたことを今でも覚えています。「欠陥」[注1]なんてついてしまう、この仰々しい言葉の力に圧倒されて、私は床に砕けるように、跪き、震えました。

いやぁ、実は、診断名を一番に求めていたのは私なんですよね。それまでの子育てがうまくいかないことに大きな謎があって、もっと言えば、母親の能力がないなんて周囲にこれ以上言わせないために、自分自身の保身のために、どこかで診断されることを期待していたのは私なんです。

それなのに、いざ診断されると、今までの子育ての謎が解けた安堵感とともに、そ

れ以上に、こんな仰々しい言葉の障害をたった一人の愛する息子に背負わせてしまっていいのだろうか？　私が代わってあげることなんてできないこの言葉の重みを、息子が一生抱えていくことになってしまっていいのだろうか？　そう感じた瞬間、私はまるでライオンのお母さんがわが子を守るために敵に食ってかかるように、二上先生に盾突きました。

「何言っちゃってるの！　そんな障害なんてあるわけないし、そんなの嫌だからね！　今ここで親の私が診断を受け入れたら、息子は一生背負っていかなければいけないから、絶対に認めない！」

親の私が受容しなければ、息子を守ることができると本能的に思ったのです。

盾突くこと2時間半。二上先生はお昼休みを返上して、受容できない私を当然のこととして、泣いたり怒ったり荒れ狂う私にひたすら寄り添ってくれました。そして、こうおっしゃってくれたのです。

「大切なのは診断名ではありません。一番困っていてつらい思いをしているのは息子さんです。お母さんもそれがわかるからつらいんですよね。だから、僕と一緒に息子さんの困りごとを解決していきませんか？」

それからの2か月は、ふと気がつくと何をしていたのかさえ忘れている自分がいたり、注意欠陥多動性障害の言葉が蘇ると無意識に涙が出てしまったり、心ここにあらずの状態が続きました。

それでも、二上先生の支えがあって、大切なのは診断名ではなく、息子が何に困って、何につまずいているのかに、必死に目を向けるようにして、数年かけてやっとこさっとこ受容できたんです。

だからこそ、私は声を大にして言いたい。見た目にわからない障害だからこそ、親が受容することはそんなに簡単じゃないし、強いてはいけないのだと。

発達障害のことが少しずつ理解されて社会にも認知されるようになってきたここ最近、私はとても悲しい現実を時折見ます。

診断名がすべてを解決してくれると思っている社会の風潮から、あまりに診断名が重要視されてしまって、納得のいく診断名を求めてドクターショッピングを繰り返してしまうママたちがいること。そして、まだまだ深く理解されていない発達障害の診断名がまるでレッテル貼りのようになってしまって、いざ診断されると受容できずに苦しんでいるママたちの姿です。

診断名はあくまでもその子を知るための手がかりであって、一番大切なことはその子が何に困っているのかに目を向けて、そしてわが子のより良い育ちのために、タッグを組んで一緒に困りごとを解決してくれる仲間の存在があることだと思うのです。「親が診断名を受容できなくても、わが子の困りごとを受容できる」そんな社会になってほしいなと思います。

注1　当初ＡＤＨＤ（Attention-deficit hyperactivity disorder）は、「注意欠陥多動性障害」と訳されていた。２００８年に「欠陥」は「欠如」に変わり、２０１３年のＤＳＭ－５では「注意欠如・多動性障害」、「注意欠如・多動症」と併訳されている。

14

I can't stop the anger！の負のスパイラル
――止まらない怒りの止め方レシピ

怒りが、どうしても、どうしても、止まらなくなっちゃって困ったことはありませんか？　後で怒りすぎた自分が嫌になってしまったり、なぜあれだけのことでこんなに怒ってしまったんだろうと自分を責めてみたり。

子育て真っ只中にいた昔の私は、まるで怒りの製造マシーンのように、息子の言動に一喜一憂してしまう時がたくさんありました。「やる気スイッチ」ならぬ「怒りスイッチ」がそこら中にあって、でもそのスイッチは自分でさえもどこにあるかわからない。昨日は大丈夫だった一言が、今日は怒りにつながる一言になってしまったりする。ほかの子だったら許せるのに、わが子となると許せなくなってしまう。

怒るたびに心の中で、昔流行った歌手・杏里さんの歌「悲しみがとまらない」に出てくるフレーズ「I can't stop the loneliness」ならぬ「I can't stop the anger!」と歌ってみても、怒りは止まらない。

そこで、怒りにクタクタになって身も心も限界となった私は、止まらない怒りを止めるレシピをいくつか考えました。そのなかでも一番のオススメ、そこに行き着くにはさまざまな失敗と試行錯誤があった究極のレシピをみなさんに特別に伝授します。

【止まらない怒りの止め方レシピ】

材料：大根1本、スーパーの袋もしくはゴミ袋

道具：皮むき、キッチンの流し台

手順

①大根の皮をむく。

②皮をむいた大根をスーパーの袋もしくはゴミ袋に入れる。

＊ここでポイント！　大根はすっぽりと袋に入れてしっかり封をしてくださいね。

③キッチンの流し台をキレイに片付けて、何も置いていない状態にする。

④「おりゃーー！」と袋に入った大根を流し台に叩きつける！
⑤大根がある程度砕けたら、煮物などの料理に使う。おわり♪

くだらない、ありえないレシピだと思うでしょう？　でも、このレシピを開発するまでは、思わず投げたお皿が大好きなお皿で後でめっちゃ後悔したり、手にしていた調味料を投げたら、そこら中が調味料だらけになって掃除が大変になったり、嫌悪の連続と後悔しないための紆余曲折があってやっとこさっとこ、たどり着いたレシピなんです。

でも、実はこのレシピ、もっと想像以上の効果があるんです。それは、準備している段階で、怒りがなくなること！　もっと言うと、こんなくだらないことをやろうとしている自分がおかしくて、笑えてくるんです。そして、そして、なんで怒りたくなったのか怒りの元に気がつけちゃったりするんです。

怒りは第二感情と言われていて、怒りを引き起こす第一感情に気がついてあげることがとても大切です。私はよく旦那さんに無言の怒りを向けますが、その背景にはこうしてほしかったとか、ああ言われたことが気に入らなかったなど、怒りの原因となる第一感情がちゃんとあるんですよね。その第一感情に気がついてあげるだけでも、ぐーんと楽になる。

だから、第一感情に気がつくことのできる「止まらない怒りの止め方レシピ」は、くだらないかもしれないけれど、実はとっても有効な方法だと、編み出した自分を自画自賛しているのでした。

15

多大な気を使うくらいなら、多少の金を使え
――気疲れするより先行投資

私には、人生を生き抜くためのいくつかの格言があります。その一つに、「多大な気を使うくらいなら、多少の金を使え」という格言があります。

ちょっとだけ？　浪費家の私がこんなことを言うと、節約をいつも心がけている旦那さんに怒られちゃいそうですが…

とは言っても、こう思えるようになったのはつい最近のことで、昔は超真面目（今も真面目です）で、めっちゃ節約をしていて、息子が産まれた頃はお金がなかったこともあり、お米以外の食費は月2万円で抑えていたし、趣味と節約を兼ねて息子の服は手づくりをしていました。

裕福とは言えない家庭に育った私のなかには、どこかでお金を使うことがとてもい

けないことだと感じている部分があって、たまに安いものですが、鬱憤《うっぷん》が爆発したように自分のために服をまとめ買いしたりすると、あとあと心が痛くなることがありました。そのお金を使う罪悪感が、余裕のない育児のなかでストレスを助長させた原因の一つでした。

なぜ、人は余裕がなくなると、ますます余裕をなくすように自分を切り詰めて、追い詰めてしまうのでしょう？

「もっとしっかりしなくちゃいけない。だからこんな贅沢をしてはいけない」「もっと、もっと、子どものことを考えなくちゃいけない。だからこんな風に自分のためを考える自分はいけない」

もっと言えば、自分を切り詰めて追い詰めて、その厳しい状況を乗り越えることこそが、いいお母さんの象徴のように思えて、私は一瞬の隙も許さないほど、家事にも育児にも完璧を求め、周囲にも自分にも気を使って、疲れ果てていました。

「おかずは1つあるだけでも十分なんだよ」

「ご飯をつくることに気を使って疲れ果てるくらいなら、お弁当を買おうよ」

ある日、完璧を求め、気を使いすぎて疲れ果て、どんな神様でも救いようがないくらいイライラ大魔王になっていた私に、旦那さんが言ったこの言葉に、私は目から鱗が落ちました。

「えぇぇぇぇー！　おかずは3品つくらないとダメなんじゃないの？」

「ご飯を手づくりすることこそが、良き母親の姿じゃないの？」


私の両親は共働きで、母親は仕事をいくつか掛け持ちして朝から晩まで働いていましたが、どんなに忙しくてもご飯はしっかりつくり、夕食のおかずは必ず毎食3品は用意してくれる人でした。そんな母の姿を見て育った次女のぐうたらな私でも、母のようにご飯をちゃんとつくること、贅沢をせずに節約をすることが、いつしか自分の価値観となって美徳になっていたんですよね。

また、周囲から日々浴びせられる母親のしつけがなっていないという声や視線に追い詰められて、ますますその価値観は強化されていってしまった。もっともっと、ちゃんとしなくちゃいけないと。

だから、おばさまになって図々しくなった私は、今こそママたちに言いたい！「多大な気を使うくらいなら、多少の金を使え」と。

そして、子育てに必死でめちゃくちゃがんばってる自分のためにご褒美をあげてほしいのです。

もっと言えば、自身の子育てでは周囲から責められるばかりで、そのがんばりは誰にも見えなくて、わからなくて、評価してくれないからこそ、自分で自分にご褒美をあげてほしいのです。

ポイントは「多少の！」。たくさんお金を使っちゃうと罪悪感に襲われてしまうので、買い物の際にちょっとリッチなプリンを買ってみるとか、たまには気取ってカフェで「なんとかマキアート」とか一番高いのを注文しちゃうとか、多少のお金を使うことで、多大な余裕を自分の中につくってほしいのです。

ちなみに、あの日、気を使うくらいならお弁当を買おうと言った旦那さんは、今頃後悔していることでしょう。「疲れた」「動けない」「やる気でない」を繰り返し、多少の金を頻度高く使っている私を見て。

16

それなりにかかる生活費、教育費、通院費

——経済的にも優しい社会を！

発達障害のある子の子育ては決してきれいごとではないので、ずばり正直に書きましょう。発達障害のある子の子育てはお金がかかります（私はかかりました）。

まず、生活のこと。

例えば、今の旦那さんと結婚した時に借りた住居はメゾネットタイプ（内階段のあるマンション）でした。借りた当初は、診断前で、発達障害の知識を私は全く持っていない状況でしたが、息子の落ち着きのなさやじっとしていられない多動がすでに大変だったこと、そしてその言動に日々落とされる私の雷によって、一般的なマンションを借りてしまうとほかの人に迷惑をかけてしまうからです。高い家賃を払ってでも、人に迷惑をかけることを避けたかったんですよね。

発達障害のある子の家族のなかには、住宅選びで悩む方が多くいます。「うるさい」と近所から苦情がきて引っ越しを余儀なくされる人たちも多くいます。近所に迷惑をかけないように、メゾネットにしたり、戸建にしたりすると、必然的に家賃もローンも高くなります。繰り返す引越し費用の経済的負担も大きいです。

わが家も、静岡から川崎に引っ越したタイミングで思い切って戸建を購入しました。上や下の階の人に迷惑をかけ、気を使うマンションは選択肢としてなかったからです。とは言っても、戸建でも日々落とされる私の雷によって、近所の方にご迷惑をかけてしまったことは否めないのですが…

それから服のこと。

彼は感覚過敏の特徴もあるので、着れる服と着られない服がありました。それは試着や購入の段階ではわからなくて、ちゃんと着てみないとわからない。

例えば、首がちょっと詰まっているTシャツだったりすると、首の部分をつかんでひっぱって1日過ごすので、1日で首の部分が伸びてしまって着られなくなっちゃう。

次に教育のこと。

息子は、多動・衝動、不注意の両方を合わせ持つ典型的なＡＤＨＤであることからも、物をよく壊すし、物をよくなくしました。例えば文房具だと、鉛筆はしょっちゅうなくなるし、クレヨンは不器用さからボキボキ折れてしまったり・・・特に鉛筆はたくさんストックしておくのですが、彼のこだわりと少しでもやる気になってほしい親の思いで、少し高くても彼の好きなキャラクターの鉛筆を買いだめしたりするわけです。

忘れ物が多い特徴のある彼の自尊心を傷つけないように、小学校の時は、教科書をワンセット別に購入して学校に置かせてもらって、忘れ物をしない対策もしていました。義務教育では教科書は無償提供されるので購入するまで気がつきませんでしたが、全教科を合わせるとそこそこの値段になるんですよね。

また、うちは息子が勉強嫌いだったので塾にはほとんど通いませんでしたが、学校だけの勉強ではついていけず、学年相応の学力になんとかついていけるように、塾に通う子も多くいます。でも、発達障害のある子のなかには集団行動が苦手な子も多く、そうなると料金がさらに高くなる個別指導に通ったり、家庭教師をお願いするケースもあります。

それから病院の費用のこと。

そもそもとして、発達障害のある子を診察してくれる病院がまだまだ少ないことから、遠くの病院に通う人も多くいます。私は静岡に住んでいる時は車で1時間くらいかけて通っていましたが、主治医を変えたくなかったことから、川崎に引っ越してからも高速を使って1泊2日で通院していました。月に1回の通院はちょっとした旅行のようで、もちろんその交通費や旅費は大きな負担でした。

主治医の二上先生が亡くなってから、二上先生のように息子に合うお医者さんを探して、やっと辿り着いたお医者さんも、電車とバスで片道1時間半ほどかかり、親子でかかる交通費は毎回5000円弱になりました。そして、お薬代も大きな負担でした。診察代とお薬代を合わせると1万円弱はかかります。交通費と医療費を合わせると毎月1万5000円弱はかかっていたわけです。

日々の生活費に、発達障害のあるわが子だからかけたい教育費、そして医療費と、発達障害のある子の子育てにはお金がかかってしまう。私自身も一時そうだったように、シングルマザーでこの子たちを育てるのは、経済的に本当に厳しいです。

だからこそ、もっともっと社会が、発達障害のことを理解して、発達障害のある子と親に経済的にも優しい社会[注2]になってほしいなと切に思うのです。

注2　通院による医療費の自己負担を軽減するものとして「自立支援医療制度」があります。現在医療にかかられている方は主治医と相談してください。

17

子どもだけじゃない、天使と悪魔なわたし
――そんな両面を持つ自分のことを許してあげる

息子が小さかった頃、私の毎晩の日課、いやいや日課なんてもんじゃなくて、そうせずにはいられないことがありました。それは、スヤスヤと寝ているかわいくて、愛おしくてたまらない天使のような息子のほっぺたにチュッとすること。これを成人した息子が今読んだら、気持ち悪いと思うかもしれませんが、あなたの母はそんなことを毎晩していました。

そしてそのチュッは、やんちゃでわんぱくで、時に私をたくさん困らせる悪魔くんのように見えてしまう息子に、明日は優しいお母さんとしてちゃんと向き合えるかもしれない「おまじない」のようなものだったのかもしれません。

起きた途端に、ジャイアンとクレヨンしんちゃんを足して割ったような元気いっぱいで階段を駆け下りてくる息子は、彼のどこを探しても平常心なんて言葉が見つからないほど、多動で、多弁で、興味津々で、放っておくと何をするかわからない言動が、夜寝るまでエンドレスで続きました。

彼がいつの間にか近所の畑で仲良くなって大根をくれたおじいちゃんとおばあちゃんのように、彼の多動や多弁や、人懐っこさは、周囲の人たちには微笑ましく見える天使だったのかもしれません。


でも、私にはどうしてもそう思えなかった。

「ifの世界」に生きる彼から「なんで？」とエンドレスで質問攻めにあう日々。思い立ったら即行動で、道路への飛び出しや、迷子になることはしょっちゅうな日々。家の2階の窓からでもどこからでも誰にでも声をかけてしまう彼がいつか誘拐されるのではないかと不安になる日々。

いつの日か、日中の彼の存在が悪魔のように見えることが増えました。「どうして、この子は私をこんなに困らせるんだろう？」と。

そして、そのたびに私は気がつくのです。そう思った瞬間、必ずと言っていいほど、私のなかの悪魔がささやいていることに。

「この子がいなければ、自分はもっと平穏な生活ができたのに」

「この子がこんなことをしなければ、自分は恥をかかないで済んだのに」

まるでダース・ベイダーが暗黒の世界に落ちたように、私は悪いことばかりを考える暗黒の世界に一気に引き込まれてしまいます。

「階段から息子を突き飛ばしてしまえば、楽になるのではないか」

「息子を置き去りにして逃げちゃえば、楽になるのではないか」


でもそんなことを思っていると、それでも息子を愛する気持ちがささやかでも私のなかにあるからでしょうか。それとも、まだ良心の呵責で理性が働いているのでしょうか。必ずと言っていいほど、今度は天使の私がやってきてこう叫ぶのです。

「そんなこと思っちゃいけない！」

「かわいい瞬間だっていっぱいあるじゃない！」

息子だけじゃない、「天使と悪魔なわたし」に気がつくたびに、私は体が分断されたように天使と悪魔、光と陰の葛藤《かっとう》で苦しみました。

今、私のところに相談に来るママたちは、泣きながら私に言います。悪魔のようなことを考えてしまう自分が許せなくて、つらくて、そんなことを考える自分は母親失格なのだと。愛するわが子のことを捨てたり、殺そうと思ったりしてしまう自分は異常なんじゃないだろうかと。

でも、それは違う。誰がなんと言おうと私は断言したい。「そう思って当然だよね」と。

だってそうでしょ。まるで子育ては美徳のように社会は私たちに思い込ませているけど、子育てはそんなきれいごとじゃない。親だって、鼻水垂らしたり、泣きじゃくったりして、時にはやさぐれて、すさんで、悪魔のようになることだってある。

だから、伝えたい。こんな時に大切なのは、悪魔のわたしを責めるのではなく、悪魔のわたしも許してあげること。自分で自分を責めることほどつらいことはないのだから。

18

窓を閉めていない自分に落ち込む

――センシティブなときのセルフケア

私は今でも思い出すと、「バカ！バカ！バカ！」と自分で自分のほっぺたを叩きたくなることがあります。またそれは、ご近所の方々に大きな引け目を感じていることでもあり、たまに会うと恥ずかしさでいっぱいになることでもあります。

「うるさいんだよ！！！」

「どのお口がそんなこと言っちゃってる？？？」

息子とのバトルで、怒ると家族からヤンキーと言われる私が、怒鳴った後に必ず気がついてしまうこと。「おめぇー」とか「てめぇー」とか、「出てけ」とか「出てく」とか、たくさんの暴言を散々繰り返して気がつくこと…

それは、怒鳴るときに限って、家の窓が開いてること！

どうしてかな？
ときには、普段開けることのない窓まで開いちゃってたりして、まるで今から怒鳴ることを予知しているかのように、なぜか怒鳴るときに限って窓が開いている。

やっちゃった…
そのたびに、今さら窓を閉めたって遅いことはわかっていながらも、閉めることしかできない私は、やらかしてしまった恥ずかしさと通報されるのではないかとの怯えでいっぱいになる。
その時ほど、「冬眠中のクマになって現実世界から逃避したい」と強く願うことはない。そして、近所中に恥をさらしてしまった自分はもうこの土地では生きていく自信がないとまで落ち込んでしまう。

気休めにはならないかもしれないけど、実はこれってよく「ある！ある！」話みたい。ずっと一緒に活動してきた仲間と意気投合して話すことの一つだし、子育てを終えた今では笑い話のネタでもある。

でも、些細なことに思えるこの出来事は、実は近所づきあいや社会活動への積極性を乏しくさせる要因になる、親にとっては大きな苦悩だと私は思っています。

だって、親にもプライドがあって、自己愛もあって、だからこそ周囲に見せる自分はどこかでかっこよくいたいって願望もあるわけで、それがこんなかっこ悪い自分を、それも地域で大切な存在のご近所さんに知らしめてしまったら、そんな簡単には立ち直れないですよね。

だから、よくある話なんだと、後輩ママたちに気休めを言って済ませたくはないのです。

じゃ、そんな時、どうしたらいいのか？

賛否があるかもしれないけど、私は冬眠中のクマのようにしばらく家にこもってもいいと思っています。自分の気持ちが落ち着くまで、自分のなかで折り合いがつくまで、家中の窓をぜーんぶ締め切って、そして現実逃避するために、大好きなサスペンスドラマをエンドレスで見ちゃったりしてもいいと思うのです。

立ち直りが遅い私は、器用じゃないから周囲の人たちのようにすぐに気持ちを切り替えたりすることができなくて、そうできない自分がつらかった。でもその一方で、センシティブなときこそ、部屋に閉じこもってすべてをシャットアウトする時間が、実はセルフケアの大切な大切な時間でもあったことに気がついたんですよね。

いつも笑顔で満ち溢れているママなんて幻想に過ぎないのですから。

19

私が活動を続ける2つの理由
――親子の個の声が届く社会づくり

ここ最近、さまざまな場所で活動する機会をいただいていることもあり、私と同じ境遇のママたちからはその姿がとても頼もしく輝いていて、橋口さんは自分たちとは違う別次元の人で、成功した人のように見られることがあります。

でも、それは違うんですね。私こう見えても、見た目にふさわしく?とてもおとなしくて、とても気が小さくて、めちゃくちゃへなちょこで、何かあるとすぐにへこたれちゃう。

へこたれちゃった時なんてものすごく落ち込んで、顔も洗わず朝起きたままの状態でひたすら自分の部屋に引きこもっちゃう。その姿は、大好きで一番の理解者である家族以外には、とてもとても見せられる容姿ではなく、膝を抱えて一人泣いて、一人拗ねて、一人あがいてる、めっちゃかっこ悪い姿が本当の私なんです。

国の会議の委員を務めさせていただいた時も、周囲からは毅然と話しているように見えていたようですが、めちゃくちゃ緊張して震えて手に汗はかくし、意見を述べるために手を挙げる時なんて、人生ここ一番の勇気を出さないと手なんて挙げられなかった。


それでも、なぜ、私が活動を続けているのか？　その理由は2つあります。

1つ目は、後輩ママたちに自分と同じ苦難を引き継いではいけないと思ったから。

親父ギャグ大好き、「人生はユーモアだ」の格言を持つ私は、時に天真爛漫に見えるようです。でも、そうしないと理解のない社会では私たち親子は生きてこられなかった。よく言うでしょ、絶望の淵に立たされた時に一筋の希望が見えるって。そう信じて、何度も絶望の淵に立ってみたけど、次にやってくるのはさらに深い絶望だった。

必死ですがって、必死で助けを求めて、手を伸ばしてみても、あっさりと手を振り切られてしまう社会。だから希望が見えるなんて嘘、希望は見るものじゃなくて自分で創り出すものなんだと私は確信しました。

だから、無知でちっぽけな自分にできることは限りがあるけど、それでも未来に希望を見出せる社会を、自分のこの手の中で創り出せるものは創りたい。それが、発達障害のある子の子育ての苦難を、身をもって知っている先輩の役目、いや使命だと腹をくくって覚悟を決めたからです。

そして2つ目の理由は至って個人的な理由、「息子への自責と感謝」です。

発達障害のことがわからなかったとはいえ、虐待と言えるひどいことを幼い息子にしてしまった自責は、あの世に行っても消えないことです。専門家の人たちのなかには自分を責めすぎだと簡単に言う人もいますが、どんなに心理のスペシャリストたちが集まってチームを組んで臨んだとしても、親の自責はぜーったいに消せないって私は思っています。

ある日、私は息子に幼い頃にしてしまった虐待について謝りました。彼から返ってきた言葉は「いいよ。妹に同じことをしなければ」でした。親である私以上に、親を、妹を思う彼の愛に、至って個人レベルで自責に苦しんでいた自分が情けなくなり、そして彼の存在の大きさに感謝の気持ちでいっぱいになりました。

私にとって、彼や発達障害の存在が、自分の中にある常識や固定概念を崩してくれたおかげで私の見える世界は大きく広がり、新たな気づきの連続が私の人生を豊かにしてくれたんですよね。自責を背負いながらも、彼や発達障害に感謝できるこの気持ちを社会に伝えたい、これが２つ目の理由です。

時代が変わって、発達障害への理解が進んだことは一定の評価をしたいと思っています。しかし一方で、理解を深める礎を築いてきた障害者団体や親の会が、財政難や若い世代とのギャップなどで存続危機に陥っていて、そのあり方が問われています。

私はこれからの社会に必要なことは、組織や団体ではなく、日々の日常生活のなかで困りごとを抱えている親子の「個の声を集約する仕組みづくり」だと思っています。「個の声が届き響く社会づくり」こそ、次に私がやりたい活動です。

20

自分のネットワークづくり
――自分にプラスになるネットワーク

息子を出産してから、そして息子の発達障害の特徴が成長とともに顕著になっていけばいくほど、母親である私はどんどん孤独になっていきました。

周りのママたちが普通にできていることができない気後れと、周りのママたちが普通に話す会話についていけない疎外感と、そしてそんなママたちにとって私と息子が迷惑をかける存在にしか思えない異端さが、孤独を深めていきました。

また、発達障害の理解が全くと言っていいほど進んでいなかった社会も、その孤独の深度を加速させたように思います。どんなに親が白旗を振って発達障害に対する理解を求めても、社会のなかで立場が格段に弱い親には限界があって、話さえ聞いてもらうことができない。理解を求めたくても求められず、周囲や社会への積極性が乏しくならざるを得ない環境が、さらに孤独を深めてしまう。

思うんだけど、一人でいる時の孤独って全然つらくないんですよね。でも、ママたちとの交流の場や授業参観とか大勢の人がいるなかで感じる孤独ほどつらいことはない。だから、私は立喰そばとかは一人で全然行けるけど、複数人で会話を楽しむカフェや幸せの象徴のマックには一人じゃ行けない…

これ以上の孤独に押しつぶされることに限界を感じた私は、主治医だった二上先生に助けてもらって、主治医が同じ二上先生のママたち4人と出会いました。このママたちとの出会いが私の孤独を緩和し、心の拠り所となって、めげずにがんばろうと思えるパワーになりました。

とは言っても、当時住んでいた静岡は横に広く、西部近くに住んでいるママもいれば、中部に住んでいるママもいたので、東部に住んでいる私も含め、ママたちが集合できるのは2か月に1回しかありませんでした。でも、それが本当に楽しみで、それがあったから日々の日常生活をなんとかがんばれました。

1時間半かけて鈍行で電車を乗り継いで、静岡駅近くのホテルのランチビュッフェで、たらふくおいしいものを食べながら、とめどなく愚痴や悩みをこぼして、お腹も心も満たされる仲間との時間は、当時の私にとってはかけがえのない時間と場所だった。そして何より、身近にいる人たちは私の悩みをまるで異言語であるかのように理解してはくれないけど、あうんの呼吸のように共通言語として私の苦悩をわかってくれるママたちの存在が本当にありがたかった。今でも、その4人のママの存在には感謝しかありません。

だからもし、昔の私のように孤独に苦しんでいるママがいたら伝えたいのです。自分と同じように苦悩するママは身近に、すぐそばにはいないかもしれない。でも、一歩でいい。一歩だけ踏み出してみたら、自分と同じ仲間に会うことができるかもしれない。

愚痴はこぼさないとドンドン溜まっていってしまうし、苦悩は一人で抱えるには大きすぎちゃうけど、わかりあえる仲間と話して分け合えば、愚痴も苦悩もしぼんでいく風船のように一気に抜けて、張り詰めたあなたの心は柔らかくなっていくから。

じゃ、どうやって地域にそんなネットワークをつくっていったらいいのか？　私は障害者団体の事務局長をしていたこともあって、事務局長時代も今も、多くの親の会が潰れていく現状を見ています。制度の拡充によって情報や支援の場所が増えたこと、ＩＴやＳＮＳの発展で親同士の交流手段が増えたことも要因だと思います。

一方で、どうやったら会を存続できるのかといった相談も多く受けます。存続危機の背景には、会のルールや縛りが面倒くさく、また運営側の高齢化も要因となって若い世代のママが馴染めず新規会員が増えないといった理由もあります。

でも、ママたちが愚痴をこぼしたり苦悩をシェアする場所が必要じゃなくなったわけではない。そんな時代だからこそ大切なことは、親の会や組織に縛られない、柔軟で、居心地のいい、自分にプラスになる居場所をつくっていくことなんじゃないかなと思うのです。

あなたの愚痴や苦悩は決して一人で抱えるものじゃない。だから、どうか一歩でいい。一歩だけでいいから勇気を出して、あなたのプラスになる居場所を見つけてもらえないかな。

田中康雄先生からのメッセージ③

わが子との付き合いにヘトヘトになっている，世の中のお母さんたちに，まずもって最初に読んでいただきたい章である。日々の生活の中での，自分自身の気持ちに折り合いをつけ，一人で，あるいは仲間たちと，創り出してきたさまざまな工夫を，橋口さんは正直に語る。

そして，さらにその動きは，地域に，社会にと拡散していく。ミクロの視点からマクロの視点へと，橋口さんらしく，息継ぎもしないで，縦横無尽に泳ぎまくる。

なぜ，ミクロで，あるいは家庭内に留まらずに，広げていくのだろうと，感じられる方もいるだろう。橋口さんはそこにも回答している。ひとつは，後に続く人へのガイドとして，もうひとつはわが子，そして家族への説明と謝罪のためと。確かに納得できるのだが。でも，だとしても，この大きな動きは説明しきれない。

ボクは，橋口さんをそこまで動かす原動力は，もう少し別の理由があるように思っている。

ボクは，きっと，「ここまで，歩いてきたよ，がんばってきたよ」というメッセージを，かつて傷ついた子ども時代を送っていた自分へ伝えるために，そしてもう一つは，亡くなられた二上哲志先生へ，「どうですか，私もすこしは，成長しましたか。がんばっていますか」と問いかけ続けるためではないだろうか，と想像した。

橋口さんにとっての二上哲志先生は，息子の主治医でありながら，家族を大きく支える大樹でもあった。おそらくこの問いに二上哲志先生は，「そんなに，がんばらなくてもいいよ。穏やかに生活していくだけでよいよ」と今も言い続けてくれるはずだ。

第4章

家族のこと

21

宿題とやる気と私の怒り
――なぜ、息子は宿題をやらないのか？

わが家には、息子の名言集があります（本にしたらきっと売れる！）。それは親の私の心を逆なでする、私の地雷を踏んじゃうものであり、でも、実はとても的を射ていて、核心を突いているものでもあります。その名言の一つが次です。

「宿題は自らがやる気になってやるものであって、やる気がないものは宿題とは言わない」

小学校低学年の頃は、まだあどけなさが残っていてかわいかった息子は、お母さんの私に褒めてもらうために、そして私の期待に応えるために、今思えばものすごくがんばって宿題をしていましたが、男の子から男へと進化していく過程で、いやいや、にっこりと笑って話しかけてくれるかわいかったわが子が意思疎通のできない未知の世界の宇宙人へと豹変していく過程で、宿題を全くと言っていいほどやらなくなりました。

やらないどころか、宿題のプリントは学校の机の中で見るも無残にグシャグシャに潰れているのを、保護者懇談会で大量に発見することが普通になっちゃうし、挙句の果てには、鼻をヒクヒクとさせながら「宿題はないよ」と嘘まで言う始末。まるで『ドラえもん』のアニメのように「のび太！　宿題は？　あるんでしょ？　宿題をやりなさい！」という声が、わが家でもひたすら響き渡ります。

響き渡るほどの声を上げる私の背景には、心配なんて言葉は通り越して「深刻」としか言えない彼の学力低下がありました。「学校とは勉強をする場所、宿題とは先生との約束でやらなくちゃいけないこと」だと、子どもの頃の自分はさておいて、大人の世界に染まってしまった私は、彼が周囲の学力や一般的な学力についていけていないことが、焦りでしかなかったのです。

だから、ちょっと前に話題になった「やる気スイッチ」がどこにあるのか必死で探そうとしたし、そのためなら飴と鞭も使いました。時にはおだて、「君はすばらしい才能の持ち主なのだ。やればできる子。宿題をちゃんとしたらその才能が開花する！」と、まるで催眠術のような言葉を唱えてみたり。時には脅し、「宿題をやらない人は喰うべからず。宿題をやらないのならご飯はないからね！　えぇぇーい、てやんでい！　お小遣いもなし！　テレビも禁止！　ゲームも没収！」と言って、彼の大切な宝物のカードさえもゴミ箱に捨てちゃうなんてことも。

宿題とやる気と私の怒り…

空回りでしかないこのスパイラルに、私は、怒り、悲しみ、落ち込んで、そのたびに何度も何度も親としての自分は一体なんなのかと自問自答しました。

そして、息子が社会人になってようやくこのスパイラルから抜け出し、やっと気がついたこと。

それは、「息子が息子らしく生きていくこと」よりも、「人並みの学力を得ること」、そして「人並みの幸せを得ること」がわが子の幸せだと思い込んでいた私のほうに問題があったということです。「人並みが幸せ」という社会の風潮が私を焦らせ、息子自身が一切望んでいない、世間的な建前を目的とした学力を期待していたのは、息子ではなく私だったんですよね。

ただ一方で、そう思ってしまうのは、社会からの偏見や差別に苦しんだ発達障害のあるわが子の幸せを願う親であれば、当然で仕方のないことではないかとも感じています。

「周囲と比較する」と気になる学力ですが、苦いことに気がついてしまった私が今思うことは、その子が学びたい時に、学びが必要な時に、いつでもどこでも学べる環境がこの日本社会には必要ではないかということです。

例えば、一律に18歳になったら大学進学するのではなく、好きなことにチャレンジしてもいい、社会を知るために働いてもいい。でも学びたくなったら、学びが必要になったら、もう一度教育を受けることができる。そうした「再教育の仕組み」がこの社会には必要ではないかと思うのです。

「学びとは自らがやる気になってやるものであって、人から強要されるものは学びとは言わない」

よぉっ！　息子の名言に座布団3枚！

22

息子が自分の特徴の「おもしろさ」に気づく

――子ども自身の自己理解を尊ぶ

まさか、息子に発達障害のことを告知する日が来るなんて…

数日間ひたすら考えに考え、悩んで悩んで悩み抜き、緊張で震えながら息子に告知したあの日のことは、一生忘れることができない日になりました。

わが子が発達障害と診断されたあの日、大人の私でさえも衝撃を受けた障害の言葉の重みを息子に背負わせたくないこと。そして、大切なのは診断名ではなくて息子の特徴であり、不用意な告知は息子を傷つけるだけとの信念から、告知は絶対にしないと決めていた私が、告知をすると決めたことは一世一代の決断でした。

また、主治医だった二上先生も私の信念を尊重してくださって、どんなに息子が病院に来ることや薬のことについて、何度同じ質問をしても、診断名は一切言葉にせず、彼の特徴と彼のいいところを必ずセットにして説明してくださっていました。その二上先生が亡くなって頼る人がいなくなってしまったからこそ不安でいっぱいで、その決断はとても勇気のいることでした。

学力低下とともに、親の言葉など一切聞き入れずに方向性を見失っている高校新入生の彼に、方向性と目的を見つけてほしかった私は、親ではなく第三者の存在が必要だと考え、ちょうどその時募集をしていた、東京大学先端科学技術研究センターが行っている「DO-IT Japan」プログラムに参加させたいと考えました。

でも、条件が一つ。それが「応募者は自身の障害について理解していること」だったため、私は告知で悩んだのです。

息子が傷つくかもしれないリスクを踏まえて安全策をとるか、それとも息子の未来の可能性にかけてチャレンジしてみるか。日常生活のなかで私がよく悩む「隣の人が食べてるおいしそうな中華そばを食べるか？」もしくは「この店の自慢と書いてあるつけ麺を食べるか?」なんて選択をはるかに飛び越えて、多分人生で二番目くらいの究極の選択だったと思います。私は息子の未来の可能性にかけて、意を決して告知をしました。

「おもしろい!」

息子はいい意味でも私の期待を本当に裏切ってくれる、そんな誰も予想できないこの言葉を返してくれました。それから私は、なぜ二上先生の診察を受けていたのか、なぜ薬を飲んでいたのか、そして、なぜ二上先生も私も旦那さんも診断名のことを話さなかったのかについても、説明をしました。

その説明をしている瞬間は、なぜか不思議と和らぐ雰囲気の中で、思春期で心通わすことができていなかった彼と心が通じて、穏やかに話すことができました(多分、きっと、二上先生が私たちのそばで見守ってくれていたのだと思いますが…)。そしてその瞬間を通して、私は彼のありのままを受け止める度量の広さにわが子ながら尊敬の念を抱きました。

告知。

それは簡単なことであってはならないと思うし、不用意でも安易であってもならないと私は今でも思っています。なぜなら、やっぱり大切なことは診断名ではなくて、その子がどんなことに困って、どんなことにつまずいているのか、その特徴を知ることだからです。

告知をした後も、私は息子に、診断名ではなく、特徴を丁寧に伝えることを心がけてきました。彼にとっては「ウザっ」と少々お節介ババァのように思えたかもしれないけど、告知しっぱなしは良くないと思ったし、息子自身が自己理解を深めて、自身の得手不得手を知ったうえで、自身の可能性に気がついてほしかった。


告知。

それは「その子がその子の可能性に気がついていくもの」なのではないでしょうか。

23

言っても無駄だからあきらめる。身近だからこそ言えないこと

――ガチャガチャ交番事件を振り返って

いろんなことがたくさんありすぎて、そしておばあちゃんへの進化を着実に遂げている私の記憶力低下も原因で、その時は多分つらくて大変だったことを忘れてしまっていることに、最近気づかされます。

この本を書くにあたって、旦那さんに「息子が小さかった頃の思い出の出来事は何？」と聞いたら、「ガチャガチャで交番に行ったこと」と返ってきました。

そんなことがあったなんて微塵も覚えていない私は一瞬、息子が交番に捕まったんだっけ⁉︎　と心がズシーンと重くなりましたが、「あっこ（私）が連れて行ったの」と聞いてちょっと安心。でも連れて行ったことすらも覚えていない私は、過去の記憶を明らかに紐解くべく、旦那さん、そして息子へと聴取を開始しました。

旦那さんの記憶では、当時住んでいた家の近くのおもちゃ屋さんの店頭にあったガチャガチャに、息子がお金ではなくおもちゃのコインを入れてガチャガチャをしようとしたとのこと。それを聞いた私が「とんでもなくブチ切れて」悪いことをしたら警察に行かなくちゃいけないと言って、息子を近くの交番に連れて行ったとのこと。

「とんでもなくブチ切れて」という言葉に、当時の私はそんなにひどかったのかと恥ずかしくなり、できるものなら過去をやり直したいと私の心はすぐさま反応しましたが、でもそれ以上にビックリなのが、全く覚えていないということでした。

旦那さんの話をもとに外食に行く車中で息子にも聞いてみました。

息子の記憶では、お母さんが「すごくブチ切れて」家の近くの交番に連れて行かれたことは覚えてるとのこと。

１００円のガチャガチャをやろうと思ったら、50円玉が２枚あったから入れたら出てこなかった。50円玉を２枚、合計１００円をちゃんと入れてるのに、なんでそんなに怒られるのかわからなかったけど、お母さんが一方的にすごくブチ切れてて、何を話しても聞く耳を持ってもらえないし言っても無駄だから、あきらめて怒られてたとのこと。

「すごくブチ切れて」という私の言動は旦那さんと共通していることから、当時の私の怒り爆発ぶりはすごかったのだとこれまた反省。でもそれ以上に猛省したのが、息子の言い分や思いを聞き取ろうとしていなかったこと。

当時の私は旦那さんの言うとおり、もしかしたらおもちゃのコインを入れたと思い込んでいたのかもしれない。そして、確かに50円玉は入れちゃいけないけど、でも、子どもの考えらしく、子どもの言い分らしく「ちゃんと合計100円を入れていたこと」に聞く耳を持っていれば、小さかった息子を交番に連れて行くなんてつらい思いをさせなくて済んだかもしれない。

そしてもっと気づかされたのは、こうやって過去を整理する、紐解いていくことをしていなかったら、まるで迷宮入りの時効事件のように、息子の心にずっと、少なからず痛い記憶として残し続けてしまったかもしれないということだ。
「身近だから言えない」と、親を思う子どもなりの気使いを犠牲にして…
あぁ、過去の自分をとっちめたい！
ガチャガチャ交番事件は、そう思う私の新たな記憶となりました。

それにしても、私は全く覚えていないけど、当時、交番にいたお巡りさんも、「とんでもなくすごくブチ切れた」母親が飛び込んできてビックリしただろうな…。この場を借りてお詫び申し上げます。

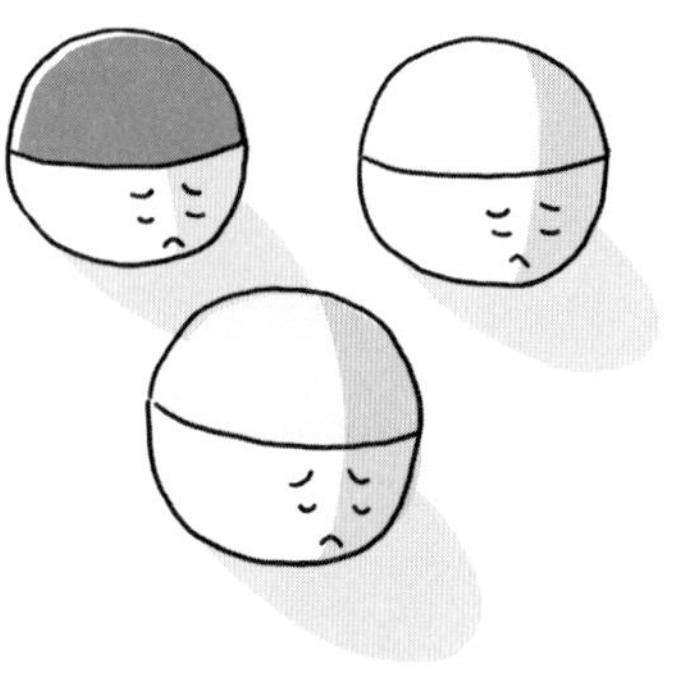

24

本気でぶつかり合う親子
――ぶつかり合うのはどちらも真剣勝負だから

私の旦那さんと息子は血のつながった親子ではありません。身内や周囲からこれでもかと非難されたつらい離婚を経験し、子育ても、プライベートも何もかもがうまくいかず、ますます社会から孤立していた私を支えてくれたのが今の旦那さんです。

決してのろけているわけではないですが…。

今でこそ子どもを連れての再婚は珍しいことではありませんが、約20年前はとても珍しいことだったので、私はともかく、旦那さんの家族や周囲の人たちにとっては、とても心配なことだったと思います。それでも旦那さんは、息子がいる人生を送ってきた今の私を好きになったのだからと、家族や周囲の心配を押し切って結婚してくれました。

会社のなかで、「旦那さんが騙されているのではないか」と聞こえてくる心ない言葉に私が傷ついている時も、「週刊誌ネタのように面白おかしく言う人たちが世の中にはいるけど、そんな人たちには言わせておけばいい。僕はそんなことは思っていない。僕が結婚したいから結婚した。それを僕たちさえわかってればいいことだから」と跳ね除けてくれました。

やっぱり、のろけちゃってますよね…。

そんな旦那さんは、「息子のお父さんは前の旦那さんであって、僕がお父さんになることはできない」と、お父さんの代わりとして、時としてもう一人のお父さんとして、お父さんとは決して呼ばせずに、精一杯息子を育ててくれました。

『ちびまる子ちゃん』に出てくるたまちゃんパパもびっくりな写真魔で、「初めてカッパを着て傘をさして登校する姿」なーんて写真がわが家にはたくさんあります。また、息子がサッカー少年団に入った時は、練習の送り迎えや見学、練習試合の時の車出しから、審判の資格取得など、全力で息子に寄り添ってくれました。

多分、今では私以上に息子を理解している存在ではないかと思います。

　でも、旦那さんの全力で息子に向き合う姿勢を一番に確信したのは、そんな素敵な思い出の場面ではなくて、思春期の息子とぶつかり合うつらい思い出の場面でした。

日々、私と繰り返される息子とのバトルに、息子の味方をすることが多かった旦那さんですが、時に思春期ならではの理不尽な息子の言動に、本気で怒るときがありました。お互いに声を荒げて、本気で言い合い、時には取っ組み合いの喧嘩もしました。そのとき、若い息子の力に負けて突き指をした古傷は今も痛むそうですが…。

　それまでの私はどこかで、思春期の息子のことは面倒くさいと言って放っておくのが、世間一般的な継父の常ではないかと思っていました。でも、そんなことを思っていた自分を私は大きく恥じました。どちらも真剣勝負で、本気でぶつかり合っている姿は、血がつながっているとかつながっていないとかなんて全く関係のない、まさしく親子そのものだったからです。

　先日、知人が、旦那さんと成人した息子が一緒にいる姿を見て、「本当の親子みたいにそっくり」と言ってくれたことがすごくうれしかった私。二人とも長身でスラッとしていて、旦那さんはおじさんになっちゃったけど、それでもイケメンな二人の寄り添う姿を見るたびに、ほっこりと幸せを感じる私でした。かなりのろけちゃいましたね、どうかお許しを！

25

楽になった「6年かければできるよ」の一言
――パートナーの楽観さが救いとなるとき

最近、強く思うことがあるのですが、発達障害のある子の子育ては深刻に考えてしまうときがあるからこそ大切なのは、違った視点で楽観的に支えてくれるパートナーや家族の存在だということです。

イクメンや主夫の存在が増えている今の社会においては語弊があるかもしれないけれど、日々の生活のなかでわが子に密に接しているママたちが深刻に考えてしまう姿を見てきた私は、そう深刻に考えてしまう気持ちを十分に理解したうえで、ママたちを支える存在が必要不可欠だと、自身の経験からも切に思うのです。

過言ではなく、私の子育ては、旦那さんの支えと楽観的な考え方がなければ実現しなかったからです。

ある日、たしかゴミの捨て方だったと思いますが、何度同じことを言ってもわが家ルールを守ってゴミを捨てない息子にイライラしている私に向かって、旦那さんがニヤリと企んだように笑って一言。

「大丈夫！　6年かければできるようになるよ」

この6年という言葉は、私たち夫婦にとって息子の子育ての重要なキーワードであったため、「6年かければできるようになるよ」と、明るく、楽観的に、そして気づかせるように言ってくれたおかげで、私のイライラは吹っ飛んだのです。

保育園や小学校低学年の頃、息子にはあるクセがありました。彼は小石や木の枝を毎日拾ってはポケットに詰め込んで帰ってきました（彼のコレクションで1つでも捨てると怒られる！）。そして同じように、どうやったらこんなに小さく丸められるのかわからないほど、圧縮袋もおったまげーな、ギューッと小さく丸まったティッシュも一緒に詰め込んで帰ってくる。

一応、私の名誉のために言っておきますが、洗濯機に息子が放り込んでいるズボンのポケットは毎回確認している（つもり）けれど、小石や木の枝が入っていることはわかっても、圧縮されすぎて小さくなったティッシュは見逃してしまうこともあるわけですよ。そうすると、どうなるか。洗濯物がぜーんぶ細かく砕けたティッシュまみれになって、洗濯機も洗濯物も洗面所も大変なことになってしまって、私の大らかな優しさも粉砕されてしまって、時に雷が落ちるわけです。

なので、彼がお風呂に行く時には「必ずポケットの中を全部出してね」「ティッシュが入っていないかちゃんと確認してね」と毎回、毎日、声をかけるわけですが、その生活が続くこと6年。ある日、ピタリと「洗濯機ティッシュまみれ事件」が止まったのです！

最初はまぐれ？　偶然？　と思っていたのですが、何日経っても事件は起きない。『家政婦は見た！』の市原悦子さんも顔負け、ひっそり、こっそり、忍び足で息子がお風呂に入るところを夫婦でチェックしていたら、ポケットを引っ張り出して中身を出してから洗濯機にズボンを入れているじゃないですか！

夫婦で手を取り合って、でもまさかそこで声を上げて喜ぶわけにはいかないので、またまたひっそり、こっそり、忍び足で2階に上がって喜びあったことは、私たち夫婦の記念日といってもいいくらいの喜びの出来事だったのです。

そして、旦那さんが私にユーモアも込めて「大丈夫！　6年かければできるようになるよ」と言ってくれたことは私のイライラ解消だけではなく、時間はかかるかもしれないけれど一つひとつ伝えて見守った先には、息子の成長した姿をまた見れる喜びに気づかせてくれる、優しさに満ちた粋な一言だったのです。

26

一番大好きな人が、一番嫌なヤツになるとき

――パートナーの楽観さが許せないときも

最初にはっきり断言しておきます。私は旦那さんが大好きで、私と旦那さんはとても仲良しです。

私たち夫婦は、たぶん世間一般的な夫婦とは違って、雰囲気も、存在も、逆転している夫婦だと私は思っています。わかりやすく『サザエさん』に例えて言うと、私が波平で、旦那さんがフネと言った感じでしょうか、特に子どもたちに関しては役割が逆転しています。波平のようにガツンと雷を落とすのは決まって私で、それをフネのように優しくフォローするのは旦那さんです。

それは、息子を連れて再婚したこと、また旦那さんとの間に生まれた娘との公平性を保つために、ある意味必然的に、でもごく自然に役割が決まったことと言えます。

でもさ、いつもガツンと雷を落とす悪役ばかりやってると正直、嫌になってしまう時もあるわけですよ。まるで雷を落とした私だけが悪いみたいに、旦那さんが全面的に息子の味方をして、時には「なんでそんなことで怒るのか意味がわからない」と宣戦布告して戦いを挑んでくる。そうなると、家族のなかで私は完全アウェイで、心の居場所がなくなってしまう。そんな時は決まっていつもこんな風に思う。

「世界で一番大好きな人が、世界で一番嫌なヤツになる」

そして私は、声に出さない「バカ!」を背中に向かって何度も言い放ってから、部屋に閉じこもる。「怒りすぎとあなたは言うけど、じゃ、誰が怒るわけ?」ひたすらブツブツと呪いのような愚痴をこぼし、枕やクッションを旦那さんに見立てて負のパワーを発散する。

一通りの怒りが発散できたら、いいとこ取りで、私が言われたくないことを言った旦那さんへの恨みを晴らすため、私の正当性を主張するべく、したたかな完全無視を貫き通してやる。そして、しばらく経ってお互いが冷静になると、悪かった方が謝って仲直りをする。

こんな風に私たち夫婦の仲はいい時ばかりじゃなくて、一番長くて2か月近く無視をし続ける冷戦もありました。このままでは離婚かもと思える修羅場もくぐってきました。発達障害のある子の子育ては困難なこともあるからこそ、夫婦が衝突することも多くなるし、お互い子どものことを思うからこそ、方針の違いからすれ違ってしまう夫婦も多くいます。

今でも些細なケンカをすることもあります。それでも、仲直りの後にはいつもこう思い直すんですよね。

「世界で一番嫌なヤツは、やっぱり世界で一番大好きな人なんだな」と。

旦那さんのことをこんな風に思えるようになったのは、やっぱり発達障害のある息子の子育てがあったからだと思っています。いい時も悪い時も、うれしい時も悲しい時も、楽しさも怒りもすべて共にしてきた重みがあるからです。

27

お兄ちゃんの姿を見て育った妹

——きょうだいに与えるプラスの影響

私は二人目の子どもを産むことにとても抵抗がありました。周囲から母親のしつけがなっていない、母親の資格がない、母親失格などと言われていたことも、もちろん大きな要因ではありますが、それ以上に、また息子と同じように発達障害のある子が産まれてきたら、育てられるか自信がなかったのです。

だから、ものすごく悩んで、ものすごく夫婦で話し合って、どちらかと言うと不安いっぱいのなか、二人目の子どもを出産しました。

多分、神様は私を見てくれていて、いつもくじけてばかりのへなちょこな私にいわゆる一般的な子育ての喜びを教えるために、娘を授けてくれたのだと思います。

これまでの人生を生きてきたご褒美として授けてくれた、まるで天使のような娘がわが家に産まれてきてくれたことは、息子にとって大きな影響をもたらします。そして、お兄ちゃんになった息子の存在は、のちに成長する娘にとっても大きな影響をもたらします。

純粋で、優しくて、正義感たっぷりな息子は、10歳年下の妹が産まれてから、妹が一番になりました。やり方はもしかしたら不器用なのかもしれないけど、彼なりに精一杯の愛し方で妹をかわいがりました。

小学校まで徒歩15分くらいかかる距離ですが、妹が産まれてからはその距離を必死で走って帰ってくる毎日。隙あらば抱っこをして、一生懸命におもちゃで遊んであげる。2歳くらいになると、お小遣いでアンパンマンやディズニーの塗り絵を買ってくれることもありました。

その一方で、娘の成長とともに思春期に入っていった息子と私は家で揉めることが多くなったのですが、ここで私は兄妹愛を見ます。

息子と揉めていると、まだ幼い娘がやってきて、「ママ、にいちゃんは、こう言ってるんだよ」「ママ、にいちゃんは、わるいとおもってやったんじゃないよ」と、まるで仲介者のように、私と息子の間に入ってくれるようになったのです。

私は、「こんな役割をまだ小さい娘にさせてしまっていいのだろうか」と心が痛むこともありました。でも、未熟な親であることを、自身に対しても周囲に対しても両手を挙げて投降してからは、包み隠さずありのままの母親の姿を小さい娘にも見せるようにしました。

良かったか悪かったかは、今でもわかりません。でも、かっこいい、絵に描いたような家族のあり方を見せることより、時に生々しく、時に激しい家族のあり方を見せることの方が大切に思えたんですよね。

娘が小学校1年生の時、面談で担任の先生からお褒めの言葉をいただきました。クラスの中に、おそらく発達障害の特徴のある男の子がいたのですが、その子に先生が声をかけても聞いてくれない時に、娘がアドバイスしたそうです。「先生、〇〇くんに話しかける時は〇〇くんの前に立って、『〇〇くん、今、話しかけてもいい?』って聞いて、『うん』って言ってくれたら話しかけるんだよ」と方法を教えてくれたそうです。

私は娘の成長がうれしくて、家に帰って褒められたよと娘に話したら、娘は一言。

「だって、にいちゃんにもそうやって話しかけるでしょ」

私は、二人の子どもを育てられて本当に幸せだと思いました。そして、天使は娘だけじゃなくて、息子も天使だったのだと気づかされました。「にいちゃんみたいに、こまっている人はたくさんいるんだよ」と娘が言うように、本人の困りごとがちょっとした気配りで解決できる方法や周囲に対する優しさや思いやりを、息子が自分の存在を通して教えてくれたからです。

きょうだいってすばらしい！

最近の息子は、「高校生なんだから、いいお財布を持った方がいいよ」と商品券を妹に上げちゃう甘々な部分をベースとして、でも時にはこっそり私たちに「妹を甘やかしすぎだ」と苦言を呈してくる、私たち夫婦以上の親になってしまいました。

そして妹は、そのお兄ちゃんをちゃっかり一番の味方につけて、私たち夫婦に対抗してくる頭のいい子に育っています。

28

中学受験の結果に落ち込む妹へ兄からの言葉

——大切なのはどこで学ぶかじゃなくて、どう学ぶかでしょ

親の無力さを知る。子育てをしているとそんな瞬間を味わうことが、多かれ少なかれ幾度か親にはあるのではないでしょうか。

私にとってその瞬間の一つは、息子と10歳離れた妹、娘の中学受験でした。

兄妹とは言え、二人は全く正反対の性格で、娘はとても慎重派で大人しく、中学受験をすると決めた5年生までは授業中に手を挙げることもしないタイプの子どもでした。自分とは違って、宿題もきちんとするし物事もしっかり考えるタイプの妹を、息子は「すごいね」と言っていつも褒めていたし、そんな真面目な妹をとても大切にしていました。

そんな娘が、中学受験で第一志望の学校が不合格になりました。時間切れで試験がうまくいかなかったことから本人もその結果は覚悟していたようですが、それでも、今まで受験に向けて一生懸命がんばってきた娘のショックは大きく、夜になるとひたすら泣き続け、塞ぎ込む日が数日続きました。

私も旦那さんも、そして周りも受かると思っていただけに、私自身もショックがかなり大きく、落ち込む娘になんて声をかけていいのかわからず、慰めることも、励ますこともできない自分がただただ情けなかった。親の無力さ、いや不甲斐なさから黙っていられなかった私は、その苦しさを思わず息子にこぼしてしまいました。

どうしたらいいんだろう…

すると息子は、そんな情けない姿をしている私にイラついたのでしょうか、「お母さんが落ち込んでどうすんの?」「受験なんだから、合格する人がいるってことは不合格する人もいるってことでしょ。そんなことわかって受験させてんでしょ」とピシャリ!

「いやいや、そうなのよ、それはわかっているつもりなんだけどね。でも、それでも落ち込んでる姿を見るのがつらくてね…」と、どっちが親だよとツッコミが入りそうなやり取りのなかで、私は息子から娘に声をかけてもらうようにお願いをしました。

その日の夜、妹の様子をさりげなく窺いながら、でもいつも通りのスタンスで息子が声をかけました。

「第一志望、ダメだったんだって？」

「兄ちゃんは、すごくがんばってきた姿を見てきたよ。だから、そんなたった一回の受験で今までの努力が評価されるなんてたまったもんじゃない。だって、今回の受験で人生が決まるわけじゃないでしょ」

そして、最後に力強くこう言い切りました。

「大切なのはどこで学ぶかじゃなくて、どう学ぶかでしょ」

その瞬間、改めて親の無力さを知りました。ちょっぴり悔しいけど、どんな手立ても持たない親の私より、よっぽどストレートに、そして純粋に妹を思う息子の言葉によって、一瞬にして娘が吹っ切れたことがわかったのです。

こんなにうれしくて、こんなにもこの兄妹の親で良かったと思い、そしてこんなにも親の無力さを喜んだ瞬間はありませんでした。

兄の言葉によって水を得た魚のように復活した娘は、兄のたくましさを受け継いだのでしょうか、驚く決断をしました。合格していた第二志望の私立には行かず、公立の中学校を選んだのです。その決断は、周囲の同級生に落ちたことを公言することでもあり、またさまざまな憶測を呼ぶ決断でもありました。案の定、なぜ受験したのに公立の中学校に入学するのかと、私も何人かの同級生のお母さんたちから聞かれましたし、娘も入学してからしばらくは男子から聞かれたと言っていました。

受験で悔しい思いをしたうえに、公立の中学校に行くことで受験のつらさを思い出すくらいなら第二志望に進んでもいいと思っていた私たち夫婦は、その思いを娘に伝えました。すると、娘から返ってきた言葉。

「行きたいと思えない学校に行くくらいなら、大切な友だちがたくさんいる公立に行きたい。だって、大切なのはどこで学ぶかじゃなくて、どう学ぶかでしょ」

29

「尊敬する人は兄です」という妹の思い

――きょうだいだからこそ感じる兄のいいところ

高校受験のため、娘の面接の練習を自宅でしていた時のことです。ありきたりな決まり文句のような質問をしてみました。

「あなたの尊敬する人は誰ですか？」

私は少しそわそわしながら、こぼれそうな笑みをなんとか我慢しながらその言葉を待ちました。

「私の尊敬する人は母です」

なぜなら、中学受験の時に何度も練習をして、その言葉を繰り返し聞いていたからです。ちょっと調子に乗っていた私は、その言葉がまた聞けるのだというううれしさを期待していたら、意外な言葉が返ってきて、意表を突かれました。

「私の尊敬する人は兄です」

揺るぎない、力強さが込められた娘の瞳は、この対応なら合格間違いなし！　と言えるほどキラキラして、その発言への自信に満ち溢れていました。

アレレ～？　このママじゃなかったの？　私は動揺を必死で隠しながら質問を続けました。

「なぜ、そのように思うのか理由を述べてください」

すると、娘はさらに自信を重ねながら、その人の存在があるから今の自分があるのだと確信を深めるように、こうはっきり言い切りました。

「兄は、自分をしっかり持っているからです。周囲の人たちがどんな意見であろうと振り回されることなく、自分の意思を貫き通す強さを兄は持っています。他人の意見に左右されてしまう弱さを持っていた私は、兄のおかげで自分の意思を持つことの大切さを学びました」

面接の練習で、こんな言葉が聞けると思っていなかった私は、尊敬する人は私だと思い込んでいた自分の浅はかさを恥じると同時に、ことわざの「親はなくとも子は育つ」のように、私がいなくてもちゃんと子ども達は育っていくのだと、それまでの育児に対する脱力感でいっぱいになりました。まるでこの瞬間が、娘に対する子離れの第一ステージのように。

息子のこととなると、「何かやらかすのではないか」とか、「人様に迷惑をかけるのではないか」と、とかく心配性になる私ですが、娘は、嘘がつけない、ごまかさない、自分を貫き通す、ある意味振り切った強さを持つ、尊敬する存在として兄を見ていたんですね。

確かに、わが息子ながら時折感心してしまうのが、彼の人を見る目です。彼は嘘を言っている人や、表面的な人を見抜く力が強い。お世辞なんて言えないし、媚も売らない。相手がどんな相手であろうと、いいものはいいって言うし、嫌なものは嫌とはっきり言う。

人と接することが大好きな息子は現在、営業の仕事をしていますが、嘘を言う人や表面的な人とは仕事をしないという徹底ぶり。なんだったら僕じゃなくて別の会社を紹介しますと言って、たとえ利益になる仕事であっても、それはこの一瞬であって、長期的に見たら損をすることになるからとお断りする強さを持っている。

「私の尊敬する人は兄です」

親の私にとっては、そんな息子はまだまだ心配の種でもあるけれど、妹からは違って見える存在なのです。

恋は盲目ならぬ、親は盲目なのかもしれない。娘から息子に対する親の盲点を突かれた、でもそれがめちゃくちゃうれしかった出来事でした。

田中康雄先生からのメッセージ ④

活を語り，自分を語り，心の荷下ろしがすこし進んだせいかもしれないが，ここには「家族」が語られている。

改めて，人は一人では生きられないのだなぁと，思う。人は，寂しさの中だけでは，死んでしまいそうになるのだろうとも思う。

改めて，よい家族だなと思う。ご主人も息子も，そして妹も。家族が安定していくなかで，生活もまた安定していくことを，改めて知る。同時にそこに至るまでの数々の躓きやバトルもまた，当然のごとく存在している。

日常は順風満帆なホームドラマではない。日々，なにか，事件は起こる。大事ではないが，日々生じる。だからこそ，ちょっとしたことが愛おしく思え，かけがえのない出来事として大切に記憶される。

時に振り返ったときに，モノクロの寂寥感あふれる風景だけでなく，ちょっとしたカラーのスナップ写真があると，人生も捨てたものじゃないと思えるものだ。

光があるから影もある。でもここまで語られると，苦笑するしかないよ，橋口さん。

まっすぐ前をみて，走り続けていた時があったはず。傷みも疲れも感じることなく猛進していた時があったはず。でも，人生の中で，これほど素敵なスナップ写真をたくさん持つことができたなんて，よかったね，橋口さん。

写真好きなご主人のおかげかもしれませんが，ここにはひとり一人の笑顔があふれていますよ。

第 5 章

学校のこと

30

「できない子」とレッテルを貼る大人

――真の支援者とは!?

「橋口くんは、何度言ってもできないんです！」

大勢の人たちが集まる中で、学童保育の先生によって、その言葉がどれだけ繰り返されたことでしょうか？

主治医だった二上先生が、ありとあらゆるわかりやすい言葉を用いて何度説明してみても無駄で、いやいやそれは橋口くんの性格の問題で、もっと言えば、発達障害のある子を抱えてもなお働き続ける母親の私が、仕事を辞めてそばにいないことが問題なのだと、想定できる私たち親子のありとあらゆる問題を掲げられて、最後にはこの言葉が繰り返される。

そのたびに、泣くことも憚られるような雰囲気のなかで、私はできる限り身を小さくして溢れる涙を静かに、でも必死で歯を食いしばりながら拭い続けました。

会議室なのに、今にもゲリラ雷雨が起きそうなどんよりとした空気が漂って、生きた心地がしないとはまさしくこういうことなんだと妙に冷静に納得して、まるでもう一人の自分がいる感覚に陥っていく。

そして時折、学童保育[注3]の先生が言うように、障害のある子を抱えてもなお働き続けている自分がいけないのかもしれない、それに同調している福祉関係者の人たちのように母親の私のしつけの問題なのかもしれない、そう思えてきてしまう自分がそこにいて…私の意識はこの場所にいる意味を強く自覚していないと、冤罪に苦しむ被告人のように意識が遠のいていくようでした。

私は二上先生に支えられたこともあり、自分と同じように苦しむ親子をこの社会につくり出してはいけないと考え、地元で「発達障害の理解を深める会」を立ち上げました。ただ、約20年前の当時は発達障害をほとんど誰も知らない、お医者さんですら知らない人もいる時代でしたので、心ない言葉を受けることもたびたびありました。ある時、会に参加していた民生委員や主任児童委員など福祉関係者の方々から、「そんな障害は、母親であるあなたの育児能力がないことの言い訳に過ぎない。本当にそんな障害があるのなら、あなたの子どもを連れてきて目の前で見せなさい」と言われました。

「私の息子は見世物じゃない！」

どれだけ、その言葉を叫びたかったでしょうか。でもそんなこと、今と違って当時のか弱い私にはできなかった。支援者という肩書きを武器にして、偏った正義を振りかざす大人たちに対して、親がどんなに白旗を振っても、理解や助けを求めてもだめなんだと、親の無力さを痛感していたからです。

太刀打ちできない悔しさと、親の無力さをまざまざと見せつけられた現実に、私は嘆き悲しんで、涙ながらに二上先生に訴えました。それまでもありましたが、いつも以上に二上先生は私の代わりに激怒して、「次の会はいつですか？　僕が行って説明します！」と言ってくれました。

息子さんが第一で、理解を深める会は二の次でないといけないと、活動にのめり込みすぎないように日々私を諭してくれた二上先生は、「僕は医者だから、患者さんに接することが本業」と、特段のことがない限り講演会を引き受けない方でした。

でも、そんな二上先生が息子と私を守るために動いてくれた。それが、冒頭の会だったのです。

この出来事は約20年前のことです。でも、今もなお、時代遅れの知識と肩書きを振りかざした名ばかりの支援者によって、多くの親子が追い詰められていることをどうか、どうか、知ってほしいのです。

私の元には、私と同じようにつらい思いをして、耐えられない苦しさをこぼして泣

き崩れるママたちが今も多く来るのです。支援者は知識や肩書きを振りかざす存在ではなく、それらを使って子どもたちに寄り添い、時に子どもたちを守り、子どもたちの育ちを支援する存在なのではないでしょうか。

「橋口くんはそんなひどい子じゃない！　とても純粋でいい子なんです！　私たち支援者が支えなくてどうするんですか！」

当時、小学校の担任の先生が、半分泣きながら、半分怒りに震えながら、手を挙げて、声を大にして叫んでくれた。その発言に大きく賛成して会場全体を諭してくれた二上先生と、この担任の先生に、真の支援者の姿を私は見ました。

注3　主に日中に保護者が不在となる小学生児童が、放課後に過ごす遊びと生活の場である。

31

校長室もカームダウン・クールダウンの場所
――応接室だって本人の居場所のひとつ

毎年春になると、多くのママたちがストレスだというわが子の発達障害について行う学校への説明や申し送り。

発達障害があることがわかって1年足らずと、発達障害において新米ママである私の話を、新しく着任した校長先生は聞いて理解してくれるだろうか？　そして、息子の味方になってくれるだろうか？　息子が小学2年生になったばかりの4月、多くのママたちと同じように、私もそんな大きな不安を抱きながら、学校の門をくぐりました。

緊張でいっぱいの私を察してでしょうか、溢れる笑顔と優しい雰囲気で迎えてくれた着任したばかりの校長先生に、私は勇気を出して息子の発達障害のことを話しました。そうしたら意外な言葉が返ってきました。

「お母さん、ごめんなさい。私には知識がないのでＡＤＨＤとか発達障害のことがよくわかりません。でも、息子さんが困っていることは事実ですから、学校全体で、全力で支援をします。ですので、どんな支援が必要か教えてもらえませんか？」

今までは決まって、こういうときは親のしつけがなってないと言われてきたのに、なんかおかしい…。それまで周囲から非難や叱責を受けることはあっても、理解して支援しようなんて言ってくれる人がいなかった私は一瞬、鳩が豆鉄砲を食らったように目が点になりました。でもその言葉が、今この瞬間のこの現実に、聞こえたのだとわかった瞬間、それまでずっと我慢してきた思いが涙となって溢れ出ました。

また、発達障害の知識を持ち合わせていないことを棚に上げて、知らないことがまるでその人のプライドを傷つけるかのように、発達障害なんて知らない、認めないと親を非難する先生が多くいた時代の中で、知らないことをあっさりと認めて、「子どものための支援を教えてほしい」と言ってくれる先生がいたことも、溢れる涙の理由の一つでした。

息子は、周囲の話していることが理解できなかったり、音や光、匂いなどの情報が入り過ぎてしまう感覚過敏によって、不安や混乱からパニックになるときがありました。また、ＡＤＨＤの特性から怒りがコントロールできないこともあったため、小さい頃から友だちとのトラブルが絶えませんでした。そして、トラブルになった場所では、いつまでも気持ちがその場所に残ってしまうこともあり、気持ちを落ち着かせるのに時間がかかりました。

なので、校長先生にまず最初にお願いしたことは、息子がパニックになった時のためにカームダウン（calm down：気持ちをおちつかせること）・クールダウン（cool down：心身の興奮をおさめること）の場をいくつかつくってもらうことでした。

校長先生が画期的だったのは、保健室、図書室に続いて、校長室をカームダウン・クールダウンの場として用意してくれたこと。

言うまでもなく、息子が好んだ場所は校長室でした。校長先生は彼がパニックになって担任の先生に連れられてやって来ると、彼の大好きな野鳥の本を一緒に読んだり、彼と一緒に花壇に水をやったり、そして落ち着くのに時間がかかりそうな時は、授業の1時間から2時間分をかけて校庭を散歩してくれたこともありました。

さらに学校全体での対応もすばらしかった。パニックになった彼を校長室に連れて行く間、彼のクラスは先生が不在になってしまうのですが、両隣のクラスの先生が連携して、彼のクラスを見ていてくれる。校長先生がリーダーとなって、学校全体で息子に対応することを実践してくださったのです。

二上先生が息子に教えてくれた「パニックになりそうな時の対処」を日々繰り返し練習したことと、いざパニックになりそうな時は自らカームダウン・クールダウンの場所へ行けるようになったことから、トラブルは着実に減っていきました。

パニックになって一番傷ついているのは息子自身なんですね。だから、これ以上息子が傷ついて自信をなくしてほしくなかった私は、校長先生のこの対応が本当にうれしかったのです。

32

小学校の運動会という壁
——体を動かすことは好きでも、集団行動は苦手

私はとにかく涙もろい！

歳を重ねるほど涙もろくなるとはよく聞くけれど、それだけじゃなくて、とかく息子のこととなると涙腺が崩壊して、周囲の人が不思議がるほどすぐに泣いちゃいました。

例えば、運動会の準備体操でみんなと一緒にラジオ体操ができたとき。

例えば、マラソン大会で一生懸命に走っている姿を見たとき。

例えば、サッカー少年団で必死にボールを追いかけている姿を見たとき。

小さい頃の息子には、運動面で凸凹や不器用さがありました。一人で走ることは好

きだけど、みんなと一緒にやる徒競走やリレーは苦手。スキーは直滑降でガンガン滑っていくほど得意だけど、サッカーとかボールを使った球技になると一生懸命にやっているんだけど、どこかちぐはぐで大変そう。

手先についても、ポケモンの絵を描いたり、ハサミをちょきちょきして切り抜きをすることは得意だけど、箸は「どうしてそんな大変な使い方をするのか」というくらい手首をねじってとるなど、ある部分では器用なのに、ある部分では不器用と、凸凹が顕著だったのです。

特に、自分一人でやることは得意でも、集団行動となると途端に苦手になってしまうことが顕著で、運動会の準備体操でみんなと一緒にラジオ体操をするなんてことは、とても大変そうでした。

小学校1年生の運動会での準備体操のとき、彼はどうすることもできなくて、ただ呆然と立ちつくしていました。

準備運動をするために「広がって」と言う号令があっても動けなくて、周りの子たちにもみくちゃにされながら移動してなんとか自分の場所に立つ。音楽が鳴っても、周囲がラジオ体操を始めても、何をしていいかわからずにただ呆然と立っている。それを担任の先生が見つけて、操り人形のように彼の手を動かしてなんとかラジオ体操らしき動きをする。でも、本人はまったく納得した様子じゃなくて、大音量で鳴り響く音と、周りにいる全校生徒とそれを取り囲むようにさらに多くの保護者たちがいる人の多さに、圧倒されて困惑している表情でいっぱい。

モンテッソーリ教育を方針としていた保育園では、個人活動の時間がたくさんあったのでそれほど集団行動での困りごとが顕著になることはなかったのですが、集団行動が基本となる小学校に入った途端、そのほかの発達障害の特徴も含めて困りごとがバーンと弾けたように顕著になりました。

だからいつしか私も、みんなと一緒のことができるようになることや集団行動が取れるようになることが目標、いや、私の理想になってしまった。だって、集団行動が苦手な彼が小学校生活を送るためには、いやいや「そこに居る」ためには、適応できなければ居られなくなってしまうから。

本当は体を動かすことが大好きなのに、集団行動やみんなと同じようにできないことで、運動が嫌いになってしまう子が多くいます。

でも今、時代は変わっています。みんなと一緒にやってもいい、一人でやってもいい、みんなと一緒だけど少し離れたところでやってもいい。さらに、やっても、やらなくても、どっちでもいい。そうやって、場所や方法、手段が選択できることが、運動が苦手な特徴を持つ発達障害の子どもたちには必要なんだと思います。

ちょっとだけ最後に。涙もろさの言い訳をするわけじゃないけれど、私は息子のことでたくさんの涙が流せてやっぱりよかったなと、最近思っています。

だって、普通の子育てをしていたらできて当たり前のことが、発達障害のある息子にはできないこともたくさんあって、でも彼なりにがんばっている姿やできている姿を見られたことで、普通の子育てでは気がつかなかったかもしれない喜びやうれしさに気がつくことができたから。

涙の分だけ喜びや幸せをもらった、そう思っています。

33

学校からの連絡にビックリ！

──「朝、友達を迎えにいってそのままゲーム」の理由

家では情けないほどかっこ悪い私ですが、会社では颯爽と仕事ができる風を装っていた私。そんな私が、会社でしどろもどろになる出来事がありました。

ある日の朝、秘書の仕事をしていた私は、ボスのスケジュールをチェックして、その日一日のやることをまとめて関係部署との調整に動いていると、携帯に中学校から電話がかかってきました。

「お母さん、橋口くんは体調不良か何かで本日はお休みですか？」

息子を朝しっかりと送り出した私は、最初、先生が何を言っているのかわからなくて、もう一度聞き直しました。すると、「橋口くんが学校にまだ来ていないのですが、

お休みの連絡忘れかと思いまして…」

会社では颯爽としている風の私が、まさか「えぇぇぇー！」と叫ぶわけにはいかず、それでもその動揺は身体全体に出てしまって、まるで壊れたロボットのようにチグハグとした歩き方でなんとか居室を出て、人気のない廊下で、携帯を強く握りしめて先生の声に集中しました。

嫌なことがあってもどんなことがあっても、学校には必ず行っていた息子が、学校に行っていないなんて。何かあったんじゃないかと不安になる気持ちの一方で、反抗期真っ只中で、私や社会に対して怒りに満ち溢れている彼が、いよいよ私の知らない暗黒の世界へ行ってしまったのではないかと恐れも感じて、携帯を握る手はいつしかブルブルと震えていました。

先生と息子の朝の行動を丁寧に振り返ると、毎朝、彼は学校とは逆方向の友だちを迎えに行っていることに気がつきました。そこで、その時間に授業がない先生が、その友だちの家まで見に行ってくれることになりました。そして、途方に暮れそうな1

時間後、先生からの電話は…

「友だちを迎えに行って、そのまま一緒にゲームをしていました!」

「なんですとぉ!!!」と叫ぶことはもちろんできず、でもその日一日は、さすがに颯爽と仕事ができる風を装うことなんてできず、顔に縦線がたくさん入ったどんよりした会社時間を過ごし、家に帰ったらいつも通り情けないほどかっこ悪い母ちゃんになって、雷神もびっくりな雷を落としたことは言うまでもありません。


でも最近になって、歳を重ねて丸くなったからでしょうか、見え方が180度変わって、実はこの出来事は息子の優しさだったと気がついたんです。ポイントは、学校とは逆方向の友だちを迎えに行っていたこと。

その友だちは、息子ととても気が合いましたが、なかなか学校に来れずに欠席することも多かったのです。息子はただシンプルに、気の合う自分が毎朝迎えに行けば、一緒に学校に行けると思っていたのだと思います。そして、ゲームをしていたあの日の朝は、友だちが大切にしている、友だちが大好きなゲームを一緒にすることが、僕と友だちには大切な時間だと思ったのだと私は推測するのです。その後、夢中になってしまったことはともかく…

私たち大人が決めたルールを守れないことは、一見悪いことのように見えてしまう。でも、本当はそれ以上に大切な、シンプルで純粋な子どもの気持ちがあることを、私たち大人こそが気づき大切にすることが大事なんじゃないかなと思うこの頃です。

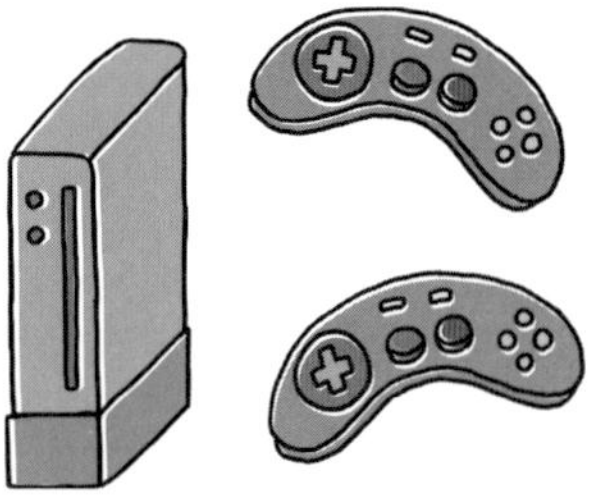

34

切ない…文化祭でわが子だけ展示物がない

――絶望↓怒り↓割り切った対策↓涙笑い

息子が中学1年生の文化祭のあの日。過言ではなく、「期待」は一瞬にして「絶望」に変わるのだと実感する出来事がありました。

中学校生活初めての文化祭と、私は息子の成長が成果として少しでも見れるのではないかと期待して学校へ向かいました。期待と言っても、日々の生活の中で宿題はできないし（やらないが正しい）、提出物も出せないし、学校からの配布物すら私に渡すことができないのだから、ごく一般のママたちの期待に比べたら、私の期待なんてほんの些細なことです。

でも、息子にはできないこと、苦手なことがあったとしても、それでも期待してしまうのが親だし、すべての子どもたちの成果が平等に公平に展示物として発表される文化祭は、そんな些細な期待の場になっていたのです。

息子はどんな字を書いたのだろう？　クラスごとに展示されている書道コーナーを、順番に見ていきました。たいてい、こういったものは名前順、番号順に並んでいるものだ。あれ？　あれ？　おかしい、順番が飛んでる。番号順ではないのだろうか？最後まで一通り見て、もう一度最初から見てみる。これは目の錯覚だろうか？　クラス間違いをしているのだろうか？

ほかのクラスも全部見る。どれだけ私は探したのだろうか。しばらくして、息子の書道が展示されていないことにやっと気がつきました。

足は固まり、絶句してしまいました。どうして息子のだけないのだろう？　授業をサボっていたのだろうか？　いや、でもそんな話は聞いていない。じゃ、先生がうっかり展示し忘れたのだろうか？　いや、そんなわけもない。どうしてだろう？　答えなんて見つかるわけがないってわかっていても、考えずにはいられなかった。

息子だけ展示されていないその状況に、ほんの些細な期待は打ち砕かれ、展示すらしてもらえないことが不公平に思えて絶望しました。

公衆の面前で息子のできていないことを公表されている恥ずかしさから、早くこの場から立ち去りたい、そう思ったその瞬間、見える世界がまるでスローモーションのように、私を円の中心点として、360度周囲にいるすべての人がこっちを見て、「恥ずかしい」と言われているような感覚に陥りました。

恥ずかしくて、情けなくて、悲しかったけど、親としてこの状況はちゃんと確認しなければと、なんとかその場から脱出、担任の先生をみつけて理由を聞いてみました。絶望のなかに湧いてきた先生や学校への怒りを抑えながら。

「提出しなかったので展示していません」

わかってる。自主性が求められる中学では、こういうシビアな現実が待ち構えていることはどこかでわかってた。でも、それでも、せめてうちの子だけ展示物がない自尊心を傷つけるような状況は避けてほしかった。後日、担任の先生からは丁重にお詫びをいただきましたが、この出来事は、今でも忘れられません。

この経験から、私は文化祭や授業参観に行くことがさらにつらくなってしまいましたが、ある心構えをすることで行けるようになりました。それは「橋口くんの親じゃない仮面」を半分つけて、とりあえず行ってみること。

どうしてもほかの子と比較してしまったり、ほかの保護者からの冷たい視線を浴びることもあるなかで、本当は行きたくないって思う時もいっぱいありました。でも、わずかでも子どもの育ちを見られるかもしれない機会を、行かないで後悔して不安になるくらいだったら、私は橋口くんの親じゃないフリをして、そのために仮面を半分つけたつもりで行けばいいのだと考えました。

仮面を半分つけて、期待と絶望の狭間で訪れた中学3年生の時の文化祭で、家庭科でつくった「まゆげのぶっといクマのパペット」が展示物として見られた時は、できたことのうれしさとそのブサイクさから、気持ちがホッとして涙笑いをしました。

そのクマは、今もプレゼントされた妹のベッドのそばに置かれています。

35

他人から聞く、学校でのトラブル

――子どもを叱る前に、子どもに聞くべきこと

私はいわゆる「ママ友」が苦手です。誤解がないように言うと、ママ友その人個人に問題があるとかそういうことで苦手なのではなく、子育てでいっぱいつらいことがあった私の個人的なとらえ方として苦手だということです。その一つとして、他人から聞く学校でのトラブルが、ますますママ友が苦手になったことの要因です。

悪意はないことを前提として…

ある日、ママ友と食事をしていたら、息子の学年が最近荒れていて大変なんだと聞かされました。「息子の学年の話」と、気になる私はどんな風に荒れていて大変なのか聞きました。すると、担任の先生がある生徒を注意したら怒って先生を突き飛ばした事件があったことを教えてくれました。そして、そのことが学年のママたちの中で

話題になっていることも。

保護者から聞こえてくる声に心を痛めることも多かった私は、極力、学校には近づかない、授業参観に行っても一人孤立を貫く、そして息子が迷惑をかけている自責もあって、極力、保護者の方とは交流を持たないことに努めていたので、私が交流するママ友は限られていました。だから、そのママ友からの情報は限られた学校の情報でした。

「そうなんだ。思春期真っ只中の中学生ともなればいろいろあるよね」と、大して気に留めていなかった私は、家に帰って息子に話したら、衝撃の事実が判明！！！

「それ、おらのこと」（注：息子は自分のことを「おら」と言います）

他人事だと思っていたことがまさかのまさか、わが子のことだとわかった私は、学年のママたちの中で話題になっていることが一瞬にしてものすごく恐怖に感じられて、パニックになって、「どういうこと？」と息子に詰め寄りました。

息子が全面的に悪いことを前提として…

「どういうこと？」と聞いておきながら、息子の言い分なんて一切私には入ってこない。どうやったら息子の悪さを聞き出せるのか、もっと言うなら、どうやったら息子に謝らせることができるのか、恐怖と怒りに満ちた私は、まるでサスペンスドラマに出てくる自白を強要する刑事のように、息子を問い詰めました。

当然、言い合いになり、喧嘩になり、収拾がつかなくなった私は、いつも通り謝罪の電話を学校にかけました。

するとどうでしょう。担任の先生から反対に謝罪を受けたのです。

担任の先生の話では、自分の誤解で息子さんを注意したところ、態度が良くなかったので彼の言い分も聞かずにさらに注意をしてしまった。ムキになって挑発するような態度をとった自分に、ずっと我慢していた息子さんが、当然のことですが僕に向かってやめてと言って突き飛ばしただけです。だから、息子さんは一切悪くない、私が悪いんですと謝罪してくれました。

先生が全面的に悪かったことを前提として…

どうしてなんでしょう。いつも一緒にいない、家族でもない他人の話を真実だと信じ、思春期で確かにかわいくはないけどそれでも愛おしい、いつも一緒にいる息子の話を信じない私は、一体何なんでしょう？　情けなくて、情けなくて、母として至らない自分に嫌気がさした出来事でした。

「わが子が何か悪いことをしたに違いない」を前提として…

この負のスパイラルに陥ってしまうママたちは多くいるのではないでしょうか？でもそれは決してママたちを責めるべきことではなく、周囲から孤立し、ひたすら社会に謝罪を繰り返している日々がつくり出している結果だということをどうかどうか知ってほしいのです。

「子どもを叱る前に、子どもに聞くべきことがある」と、気がつける余裕をママたちが持てる社会をつくってもらえませんか？

36

周囲がうらやましく見えた高校受験

――受験に対する親子の共通認識

「恋しさと、せつなさと、うらやましさと♪」と歌えちゃうくらい、私の子育てはこの3つの感情に集約されていました。特に、うらやましさは、まるで姿を見せずに自分の近くを飛び回る蚊のように、どんなに追い払っても払いきれない感情でした。

このうらやましさが顕著に出たのが高校受験でした。「ランク」「合否」と受験はわかりやすく周囲と比較できるからなおさらです。どんなにゴーイングマイウェイと自身の図太さを強調してみても、圧倒的に周囲と比較される受験には太刀打ちなんてできないんですよね。

「宿題とは自らがやる気になって行うものであって、やる気がない宿題はやっても意味がない」として宿題はほとんどやらず、テレビの討論番組のように、持論？ 屁理屈？ オブジェクション？ を繰り返す息子の学力は最低ライン。この成績で果たして高校に行くことができるのか。わが子の受験が初めての私は、不安でいっぱいでした。

周囲と同じように、私たち親子も夏休みに入ってから学校説明会に行きました。引っ越してきて数年と、住んでいる地域の高校がどんな学校でどんなレベルなのかも全くわからない私が、先生からの情報を唯一の手がかりとして、彼が行けそうな学校を何とか見繕って、積極的ではない息子の手を引っ張って学校見学へ連れて行ったのです。

でもそこで、私たち親子は現実を見ます。

見学しに行った学校が公立であったことからも、説明会ではとにかく自主性・自立の言葉が飛び交います。なんだったら、それができない生徒は退学も辞さない雰囲気。ランクが決して上位ではないこの学校でさえも、やはり公立は厳しいのだと痛感しました。

そしてトドメは、一番の懸念だった学力が届かない現実でした。「行けそうな学校」と行けることが確実視できる状況で見学に行っていないにもかかわらず、私は息子の学力の低さと今後も自らは勉強しないであろう絶望から、周囲に見える世界がすべてうらやましく見えました。

「あぁ、あの子は学力もランクも上なんだろうな」
「あぁ、あのママは安心してわが子の受験を見守れるんだろうな」
「あぁ、あの親子は来年の3月には合格を確実に手にしているんだろうな」

うらやましさで投げやりになった私は、それ以降、学校説明会には行けなくなってしまいました。「行きたいなら自分で行きたい学校を探してこい！」と怒りたっぷりな私は、育児放棄ならぬ受験放棄をして、なるようになれ！　とすべてを息子に押し付けたのです。

でも、それが功を奏しちゃった…

息子の特徴なのでしょうか、彼は雰囲気や環境への嗅覚が鋭くて、自分の特徴に合った行き場所を見つけることが得意です。癪ですが、高校は行って当然とあっさり自分に合いそうな学校を2つ見つけてきて、そしてまた癪ですが、「一緒に行こう」と私には絶対に言わずにあっさり一人で学校説明会に行きました。

そして、学力の低さからできるだけ多くの学校を受験させたい私の心配とは裏腹に、頭にくるほど頑なに、見学した2校のみしか受験せず、両方とも合格し第一希望の学校に入学したのです。

「宿題とは自らがやる気になって行うものであって、やる気がない宿題はやっても意味がない」ならぬ、「学校とは自らが行く気になって行くものであって、行く気がない学校は行っても意味がない」

悔しいけど、彼の持論、屁理屈、オブジェクションこそが、シンプルに受験には大切なのだと、基本中の基本を彼の高校受験で教えられた私でした。

37

やっぱり慣れるまでが大変な高校入学後

――「高校生らしく」より「本人なりの高校生像」

息子が高校3年生の時、学校への感謝の気持ちも込めて、卒業対策委員会を引き受けた私。卒業式前日のイベントで、息子のクラスメートに手伝ってもらって荷物を運んでいた時、びっくりしたけど、これが息子の高校生活を表していることなんだと思う言葉をクラスメートの一人が言ってくれました。

「橋口は1年生の頃は本当にトゲトゲしていて大変だったけど、周りも橋口に気を使ったり、橋口も周りに気を使えるようになって、この3年ですごく成長しましたよ」

これが学校の先生じゃなく、クラスメートの発言ってところが面白くてすごい！　思わず先生にお礼を言うように「そんなふうに言ってくれて、ありがとうございます」と切り返した私。

発達障害の特徴で、新しいことや新しい場所が苦手で、やっぱり慣れるまでが大変な息子。ほかの子たちみたいにすぐに順応できるわけじゃなくて、3年かけてやっと慣れた高校生活だったことを改めて実感しながら、でもまさかそのクラスメートに、息子に発達障害があることは言えず、深く深く感謝しながら話をしたことを覚えています。

中学校時代に引き続き、高校に入学してからも彼の学校生活はとても大変でした。慣れない電車通学や、さまざまな場所から通学する初めて出会うクラスメートたちとの学校生活で、思春期の延長もあってイライラすることが多く、学校でのトラブルも増えました。

どんなに交信しても通じない宇宙人のように会話が成立しない息子に対して、私もイライラが募っていたからでしょうか。何かあるたびに私は、「もう高校生なんだから高校生らしくしなさい」と彼に言っていました。どこかで、高校生になったら手が離れて、少しはしっかりしてくれるといった期待があったのかもしれません。

でもクラスメートの言葉のように、彼は彼なりに気を使ってがんばっていたんですよね。彼には彼なりの高校生像があって、高校生活を送っていた。母親の私になんて決してこぼしもしないで、独特の繊細さを持つ彼なりの苦難のなかで、なんとか適応しようとがんばっていた。でも、私は親のエゴで、どうしても周囲と比較してしまって、周囲に見える「高校生らしさ」を求めてしまっていたんですよね。

後日、卒業対策委員会メンバーと先生方で行ったカラオケで、ある先生が言ってくれました。

「橋口くんはこの3年で本当に成長しました。気持ちの表現などに不器用さがあるけれど、それでも彼は彼なりにちゃんと努力してがんばってきたので、どうかその成長を喜んでください」

親以外の人が息子の成長を喜んでくれることほど、親としてうれしいことはないですよね。

また、こうも言われました。

「お母さんは息子さんに苦労をさせたいと思っているかと思いますが、彼は持ち前の人徳でいろんな人に支えられて、苦労なんかせずに生きていくタイプです。だから、息子さんに苦労をさせようなんて諦めましょう！」

親バカかもしれないけど、息子の人懐っこさや嘘のつけない純粋さは彼のすごいいところで、それは彼の人徳なんだと思います。こんなふうに言ってくれる先生に恵まれたのも、彼の人徳なんだと実感しました。

そして、先生の言う通り、どこかで人並みの苦労をさせないといけないと思っていた私は、彼が彼らしく生きていくことが大切なんだと、気持ちを入れ替えることができました。

ところで！　余談ですが、高校卒業後に知った驚愕の事実！

男子校に通っていた息子は恋愛にはまったく疎く、彼女もいないと思っていたのですが、通学の電車の中で逆ナンされて、実は一時、彼女がいたそうです！！！（もう、ちょーびっくり。もっと早く教えてよって感じ）

息子だからでしょうか、気になることはズバズバ聞いてしまう私は、なぜお別れに至ったのか聞いてみたら、授業中にもかかわらず「何やってるの？」とメールがきて、それに返信しないと怒られるのが面倒くさくて別れたと言ってました。

なんか、よくあるあるの別れ話を息子が経験して話しているその不思議さ？　違和感？　に妙にドギマギしましたが、でも、高校生らしく恋愛も経験してくれていたことが、くすぐったい喜びにも感じられたのでした！

38

覚悟を決めてカミングアウトしたあの日
――カミングアウトのタイミングとポイント

「もっと早くに言ってくだされば、息子さんが困らないようにできたかもしれません」

カミングアウトした時、担任の先生はそうおっしゃいました。まるでCMから流れる「もっと早く言ってよ〜」とでも言われたように、私が何日もかけて覚悟したドキドキなんて一瞬で吹っ飛んで、めっちゃ気が楽になったことを覚えています。

周囲へのカミングアウト。これほど親にとってドキドキするものはないですよね。特に、義務教育から外れる高校へのカミングアウトは、私にとってとても勇気のいるものでした。

恒例ですが1年生の4月は落ち着かず、電車通学など慣れない新生活でいろいろと困難なことが続き、いよいよ学校に説明しなければならないのではないかと、私はとても悩みました。

そう悩む私には、学校に対する引け目もありました。それは、入試の際に発達障害があることを申告しなかったことです。今は申告すれば入試への配慮などを逆に受けられる時代になりましたが、息子の時代は申告すると不合格になる子も多くいたのです。

また、義務教育とは違って退学があることも申告できなかった大きな要因です。もっと言えば、それまでの痛い経験から、社会が受け入れてくれないかもしれないとの漠然とした不安が大きかったことが大きな要因かもしれません。だから、カミングアウトすることに、本当に、本当に悩みました。

では、なぜ私はカミングアウトしたのか？

「息子さんは、何か理由があって困っているのではないでしょうか？」

「自分たちにできることがあるのなら一緒に考えませんか？」

この担任の先生や学校側の息子に対するあり方が信頼できたからです。誰かを責めるのではなく、そして息子を「困る生徒」ではなく「困っている生徒」として見てくれたことが私の心を開きました。この先生、この学校なら、包み隠さず話してもいいのではないか、話すことで信頼関係が築けるのではないかと深く感じたのです。そして、カミングアウトすることによって、先生方とタッグを組んで一緒に息子を育てていけると確信したのです。

私が考えるカミングアウトのタイミングは、カミングアウトすることによってその子がより良い方向に進めると確信が持てた時だと考えます。もっと言うと、診断名を伝えることで周囲の協力がより得られると確信できた時です。

ここで私からのお願いです。どうか大人が楽になるためのカミングアウトはしないでほしいのです。保護者懇談会など周囲の人たちから責められて窮地に立たされた時、思わず発達障害があることを言いたくなってしまう気持ちはよくわかります。どんなに言えたら楽だろうと思ったことは、私もたくさんあります。

ただ、発達障害のことが社会で注目されるようになり、決して珍しい障害ではなくなった今でも、正しい知識が理解されていないなかで、大人の都合で周囲に知られてしまったことによって、傷ついている子も多くいることを忘れないでほしいのです。

では、カミングアウトするまではどうしたらいいのか？　それは、診断名ではなく、お子さんの「困りごと」「つまずきやすさ」を伝えていけばいいのです。支援に大切なのは診断名ではなく、お子さんが「何に困っていて」「何につまずきやすいのか」なのですから。

39

心ある、配慮ある「停学」
——少しずつでも確実に成長した結果のボクサー骨折

恐れていたことが現実になってしまった。

高校からの呼び出しの電話の後、震える手で受話器を置きながら、覚悟を決めなければいけないと私は思いました。

退学…頭をぶん殴られたようにその言葉が頭の中に響きわたり、胸をわしづかみされたように「これからどうしたらいいんだろう」と心が重く、でもどこか他人事のように「もしかしたら大丈夫かも」なんてひたすら繰り返したりして。こんな電話をもらった時の親は、なーんにもできない。

学校行事の合宿で、高校1年生の息子はクラスメートを殴ってしまいました。

相手が避けたから鼻血が出る程度で済んだと先生は言ってくださったけど、あれほど小さい頃から、人を叩いたり殴ったりしてはいけないと言ってきたのになんで？と、私は怒りより悲しさでいっぱいになりました。亡くなった二上先生だって、どうしようもない怒りに満ち溢れたらその場から逃げるとか、いっぱい方法を教えてくれたよね？　小学生の頃はそれができるようになっていたのに、なんで？

私はありったけの自分が持ち合わせている「なんで？」を繰り返して、繰り返したところでどうにもならないとわかってはいても、ひたすら自分に問い続けました。そうしたら、悲しさがいつしかどうしようもないくらいの怒りに変わっていきました。

「息子よ、お前、ふざけんな！」

呼び出しの日、怒りに満ち溢れた私と息子が校長室に入ると、その殺気を校長先生と担任の先生は察知したのでしょうか、どっちが優勢なの？　と立場が逆転したように、校長先生たちがとても丁重に、そして穏やかにまず私をなだめてくれました。でもたぶん、般若のお面くらい怖い顔をしていた私はそれよりも今後どうなるのか、学校側の決断を早く知りたくて、ひたすら謝り続けました。

すると、ここで校長先生の待った！　が入りました。

「お母さん、まずは息子さんからきちんと経緯を聞きましょう。殴ってしまうには、理由があったはずです」


満ち溢れていた怒りが一気に冷めるとは、こういう時のことを言うのでしょう。すべてが結果で判断されて、決まってこういう時は謝るしかない世の常で、想定もしない校長先生の言葉に私は自分を取り戻しました。

具体的なことは息子と相手の子のことがあるので言えませんが、校長先生の言う通り息子には殴った理由がちゃんとありました。そして、その理由に対して、校長先生も担任の先生もそれは悔しかったよねと共感までしてくれました。


「だから、君を停学にする」

またまた想定しない校長先生の言葉に、私は大きく動揺します。校長先生は、息子に向かって優しくこう諭してくれました。

「君の悔しさはわかる。でも、暴力はいけない。どんなに悔しいことがあっても、理不尽なことがあっても、暴力を振るったら社会では罰を受けることになる。そのことを君にはきちんとわかってもらいたいから停学にするよ。それでいいかな」

そして、高校3年生の時、息子は右手の拳をボクサー骨折しました。

またまたご迷惑をかけてしまったと、1年時の担任で学年主任になっていた先生に私はひたすら謝りました。すると先生は電話口で泣きながらこう言ってくれました。

「お母さん、このことは彼が成長したこととして喜ぶべきことなんですよ」と。

先生が教えてくれたのですが、からかわれてやめてと何度言ってもやめてくれなかったクラスメートに頭にきて手を振りかざした瞬間、1年生の時の校長先生の言葉を思い出して、そのまま振り返って壁を殴った結果なのだと。

こんな結果を成長だと喜んでくれる先生がいる。私はうれしくて受話器を握りしめながらその場に泣き崩れました。そして、心の中で精一杯こう叫びました。

「名誉の負傷と言っている息子よ。お前、成長したな！」

ボクたちは，本人から真の希望を，生きる上の思いを聞き取ることはできていない。だから，聞き続ける必要がある。そこにはその人を知りたいという思いだけがある。

人が人を応援するには，システムもさることながら，その人の思いが求められる。だから，その子のことを強く思う人が１人でも居れば，その子は救われる，ということになるのだろう。

田中康雄先生からのメッセージ⑤

校という生活と学びの場で，橋口さんの息子さんは，どんなふうに過ごされていたのか，母である橋口さんのスナップショットだ。

ボクはかつて，1人でもその子のことを強く思う人が居れば，その子は大丈夫，というようなニュアンスの言葉を聞き，生きづらさに直面している場合，応援団がつくれなくてもよい，たった1人でも応援してくれるなら，と思ったことがある。

ときにそれは，保健室の先生であったり，家庭教師のお兄さんであったり，奇跡の出会いと思えた産休代理の臨時教師であった。どうしても生活のなかで見つけられない時は，「ボクがきみの友だちになるよ」とまだ四十前の時にボクは，眼の前の子に宣言してしまったこともある。

『発達障害』はボクにとって，障害というよりも，ある意味で多様な脳のタイプをおおよそ分類して名付けたものであり，決して課題満載だけのものではなく，良い面も心配な面も，けっこう顕著であるからこそ，生活に工夫が必要であるのだ，という理解に立っている。

もし，その人の生き様に対して医療が出しゃばって生活の工夫を強調しなくてもよいのなら，それはそれでよい。一方で二上哲志先生のように，現場に足を運び，説明し理解を促す必要があることも，少なくない。しかも，いくら理解していただけても，十分な配慮ある応援が期待できない状態だってある。周囲の理解がいくら正しくても，本人が求める支援にはギャップがあることも多い。

第6章

将来のこと

40

支援慣れしていた息子へ人生最大の壁となる

――本人自らが「行きたい」と頭を下げたからこそ実現した大学進学

まず本題に入る前に、みなさんに謝っておきます。

この後に出てくるお聞き苦しい発言をどうかお許しください。すでにお気付きの方もいらっしゃるかと思いますが、うちでは怒るとヤンキーになると言われている「お口の悪い私」ですが、ありのままの姿をお伝えすることがみなさんの一助になればと思い、発言（心の声も含む）そのままを書かせていただきたいと思います。

高校生になって、入学当初はまだそこそこあった息子の学力が、急降下というのはこういうことを言うのだなと実感したほど、3年間で落ちました。

しかし、ヤツは赤点を取ろうと、学力が落ちようと、根拠のない自信に満ち溢れ、

「大丈夫」と言い切る。中学時代からの屁理屈がますますアップして「学びとは自らがやる気になって行うものであって」なんて発言が飛び出すほど、どのお口が言っちゃってるの状態。

いや、そりゃそうだけど、だったらあんたはいつになったらやる気になるのか、それでも「大学には行くよ」と言い切るあんたの自信はどこから生まれるのか、何度も問いかけました。

しかし、肝心の息子は、どんなに学力が落ちても、学校や親がどうにかしてくれると言わんばかりの態度に満ち溢れている…

私は悩みました。ここで親として毅然とした態度を取らないと、ヤツは周囲に依存し続けてしまう。もっと言うと、このまま行ったらどうしようもなく腐ったとんでもない野郎になってしまう。

そこで、私は大きな決断をします。息子の人生最大の壁になることを！

ある日、根拠のない自信に満ち溢れ、自分は何もしなくても、周りが何とかしてくれて大学には行けると思っている息子に対して私はこう言いました。

「あんたのために学費を払うぐらいなら、あたしゃね、あしながおばさんになって、本当に勉強したい子のために金を払う！　やる気がないのに大学に行っても無駄。本当に大学に行きたいのなら、てめえの金はてめえで稼いで行け！　あたしを納得させなければ、大学には絶対に行かせない！」

啖呵を切った私に旦那さんは、「今どき、高卒なんてこの都会では考えられない。現実的じゃないことを子どもに言わないでくれ」と言い、その後、しばらく私への冷たい無視が続きました。

これまたみなさんお気付きだと思いますが、私と旦那さんはとても仲がいいので、冷戦になったこの状況は正直、本当にとてもつらかった。それでも私は、大好きな旦那さんと険悪になろうとも、ここで息子の人生最大の壁にならなかったら一生後悔すると思って、ただ1人、悪役になりました。

その後、担任の先生が仲裁に入ってくれて、1月半ばになってやっと「大学に行かせてください」と息子が頭を下げたので、私は大学受験を許可したのです。

この出来事から見えてきた私が反省すべき点は、「いつまでも何とかしてあげなくちゃいけないわが子」という思いから、息子を「支援を待つ子」に育ててしまっていたことです。

子どもは必ず大きくなって成長するからこそ、自立も見据えなければいけない。だから、支援するだけではダメなんです。でも、親は目の前のことでいっぱい。だからこそ、周囲の支えが重要なんですよね。

私の考える真の支援とは、大学受験のタイミングなどで、今まで引っ張ってきた手を放して、子どもの背中を見守る勇気を持つこと。そして支援が充実してきている今だからこそ、時として親が、子どもにとって「人生最大の壁」になる勇気が必要だということです。

ただしこれは、支援者が親に上から目線で伝えても意味をなさないことをどうかご理解ください。

それにしても、どうして人（あたし）は、家族に怒る時、お口が悪くなるのでしょうね。

41

初めて知った「居場所はない」という心の声

——本人なりに感じていた苦労と成長の跡

「誰よりもわが子のことはわかっている」

そんなことは、本当に、現実に、まやかしでしかなかったのだと実感する出来事がありました。

大学生になった息子は、軽音楽部に入部しました。これは、彼がお腹にいる時から英才教育をした私のおかげで、彼もパンクやロックを愛するようになっていたので、軽音楽部への入部は必然だったのかもしれません。

軽音楽部のメンバーにも恵まれたのでしょう。彼は4年生になると軽音楽部の部長になりました。彼のはっきり言い過ぎる言動に部員がついてこれるのかと、私は大きな不安を抱きましたが、彼は夏の合宿のバスや宿の手配、ライブの設定など、これまで見せることのなかった機動力、行動力を発揮して、部長の役割を果たしていきました。もちろん仲間の助けがあったからだと思いますが…

そんながんばっている息子の姿を知っていた私は、4年生の終わりに卒業ライブがあると聞いて、彼のバンドも、雄姿も、家族の誰一人見たことがなかったこともあって、それこそ親バカ丸出しで、家族みんなで彼のライブを見に行きました。

そこには私の知らない息子が居ました。

「先輩!」と言われて後輩に頼りにされて慕われてる姿。
卒業ライブを、部長の最後の仕事として運営している姿。
そして、ギターボーカルとして彼が歌う姿。

どれもこれも私が知らないわが子の姿にただ驚き、その成長にただ感動し、でもどこかで私の知らない世界に行ってしまった寂しさを感じている、まさしくその時でした。卒業ライブのトリを務めた彼の最後のコメントに、私は固まりました。

「俺はどうしようもないバカで、どうしようもない奴だったから、小学校も、中学校も、高校も居場所がなかった。でも、初めて、この軽音楽部に居場所ができた。それは、こんなどうしようもない俺を支えてくれたみんながいてくれたおかげです。みんな、本当にありがとう！」

居場所がなかったなんて、知らなかった…

彼にとって小学校、中学校、高校はどんな場所だったのか。居場所がなかった苦痛やつらさをたった一人で抱えてきたのか。そして今、彼がどんな思いでその言葉を発したのか…

初めて知った息子の心の声に、なーんにも気が付けなかった罪悪感とポジティブバイアスであまり悩むことなんてないと勝手に思い込んでいた反省とで、私は、誰一人ほかの親なんて来ていない会場で、溢れ出る涙をこらえきれず泣いてしまいました。

誰よりもわが子のことはわかっているなんて全くの嘘で、でもそれは世の中では当たり前のことで、誰よりも親の私が一番に知らないわが子が、わが子なりに感じていた苦労と成長の跡を知る瞬間だった。

偉そうに親ぶってたけど、なーんにもわかっていなかったじゃんと、親の無力さを知る瞬間。それは、寂しくて、悲しくて、切ない瞬間。でも、残念だけど、親だったら誰にでもやってくる瞬間なんですよね。

だから、それでいいんだと受け止めて、これが親なんだと自分を許して、それでもなお、どんな時でも、いつだってわが子の居場所を親の私の中につくり続けていくことが、親としてのあり方なのかなと気付かされた出来事でした。

「息子にとって大切な4年間を、ともに過ごしてくれてありがとう」

卒業ライブが終わった帰り道、息子の居場所を作ってくれた同級生たちにそう感謝の気持ちを伝えて、私は帰りました。

42

やがて「手を引く」から「見守る」支援へ

――「私が一生面倒をみる」なんておこがましい

発達障害のあるわが子の自立に対して、未来に漠然とした大きな不安を抱いているママは多くいます。これでもかと、支援も愛情も必要とする目の前のわが子が、自分なしで社会に太刀打ちできるのか、いやいや自分なしでこの子は生きていけるのかどうか、つかみようのないモヤモヤとした抜け出すことなんてできない不安の世界にどっぷりハマっている。

だから私は、息子が困らないように、また周囲の人たちにできるだけ迷惑をかけないように、いつも先回りをして先手を打ってきました。

好きなことや興味のあることになると、これはテレポーテーションかと思えるほどの瞬発力で突っ走っちゃう時かと思えば、興味のないことや状況がよくわからないと、周囲にもみくちゃにされても周りのスピードについていけなくてボーッとしている時
こうだと思ったらこうだと言って周囲のことなんて考えずに駄々をこねる時
ああ言えばこう言うも影響して、優柔不断でどっちにするか決められなくて時間がかかる時

息子がこんな状態になっちゃうと、私一人の時はなんとかなっても、発達障害のことを知らない周囲の人たちは怪訝な顔をして、すごく迷惑そうにする。そうなると私は、これまでに積み重ねてきた痛い経験を思い出して、きっとまた痛い目に遭うに違いない！　と確信して、息子が困らないように、それ以上にもしかしたら自分が傷つかないようにかもしれないけど、あれはダメ、これはダメと、ダメをいっぱいつくって、息子の言動に制限をかける。

息子が成人した今、私の子育てを振り返って、私の反省点として思うことは、「いつまでも何とかしてあげなくちゃいけないわが子」という思いから、「支援を待つ子」

に育ててしまったということ。結果、やらせないこと、できないことを息子にたくさんつくってしまっていたんですよね。

子どもは必ず大きくなって成長するからこそ、自立も見据えなければいけない。だから、支援するだけではダメ。でも、親は目の前のことでいっぱい。だからこそ、周囲の支えが重要になるんですよね。

支援者のなかには、上から目線で、安易に「自立を見据えて」なんていう人もいます。でも親は、周囲の冷たい視線への気使いと、わが子がこれ以上傷つかないように、わが子が二度と迷惑をかけないように、そして周囲に対する親自身のメンツの保持など、複雑な思いでいっぱいで、瞬時に良いか悪いかの判断が下される社会の中で、自立よりも社会が良しとするその瞬間への対応を優先せざるを得ない。

どうか、そんな親の思いを知って、自立を支えてほしいのです。

発達障害のある子にとって自立の第一歩は、その子が、「こうしたい！」「ああしたい！」とまずは言えること、選択できることだと私は考えます。自分の力では、自分の思いや考えを十分に伝えることができない困難さがあるからです。
また、即時の回答が求められるこの日本の社会では、思い、考える余裕がないことも困難さを助長しています。結果、親だけでなく、支援者も含めた周囲の大人たちは、先回りをして先手を打ってしまう。だから、自身の反省も踏まえて、私は問いたいのです。

こちらは良かれと思ってやっていること、もっと言えば、「すごくいいことをしてあげている」は本当ですか？　勝手な決めつけで「選択する自由」を奪っていませんか？

先日、勝手な決めつけで思い込んでいたことが覆ることがありました。小さい頃の息子はブドウのデラウェアが好きで、口の中に何十粒と溜め込んでそれをごくりと飲み込むのが至福のように見えていたので、彼の好きなブドウは小さい粒のデラウェアだと思っていたのです。

いつものように息子のためにデラウェアを買ってきた私に息子がぼそり。
「僕の好きなブドウは大きな粒の巨峰なんだよね」

43

日々の生活の中に味方を増やしていきたい

――ヘルプのサインも含めて解決力を上げていく

約20年、発達障害の理解啓発活動をしてきた私が最近思うこと。

それは、親や家族が抱え込まないためにも、日々の日常生活を過ごす街の中に、彼らの味方になってくれる人を増やしていくことです。そして、それは発達障害の有無を超えて、また医療や福祉の領域を超えた専門家ではない人にも味方になってもらうことです。

例えば、近所の商店街の魚屋さんのおじさんだったり、美容室のイケメンお兄さんだったりです。

外の世界に刺激が多すぎて外出に不安があっても、コミュニケーションが苦手で人に話しかけることができなくても、優しくわかりやすく声をかけ、彼らにあったコミュニケーションを取ってくれるおじさんがいることで、その魚屋さんには行ける。髪の毛を切ることが痛くて怖いと感じていても、無理強いをしないで、使うハサミや切る順番をわかりやすくカードや絵で教えてくれるイケメンお兄さんがいることで、その美容院には行ける。

こんな存在が、その子の住む街の中にいるだけで、その子の世界は広がります。発達障害のある子どもたちには、やりたくてもできない、行きたくても行けない、あきらめがあるからです。

私たち大人の役割はそのあきらめを希望に変えることだと、私は思っています。「できない」を「できる」に変えて、子どもの可能性と世界を広げていくこと。

そして、より広く可能性と世界を広げていくためには、街の中の味方がキーパーソンとなって、彼らが行ける場所やできる場所を増やし、彼らを街全体で見守り、その育ちをみんなで支えることが、私たち大人が子どもたちにできることなのではないかと思うのです。

発達障害は、そもそもとして「障害とは何か?」を問いかけていると私は考えています。見た目にはわからない障害だからこそ、そしてその特徴は誰もが持っている部分でもあるからこそ、今までにない、障害の概念を覆す、新しく歴史の浅い、発展途上にある障害だからです。

そしてここで社会に問うべき課題は、障害というネガティブな響きに、私たちが、そして社会が振り回されてはいないだろうかということです。

思い切った発言が許されるのなら、私の活動(人生)の最終目標は「発達障害という言葉が必要ではなくなる社会にすること」です。

なぜなら、発達障害の人たちの「困っていること」は、実は社会の多くの人たちも「困っていること」だからです。つまり、発達障害の人たちの困っていることは、社会の課題を解決するきっかけになると私は考えています。そして、発達障害の人たちの課題が解決されて発達障害の人たちが幸せになることは、社会を幸せにすることにつながると私は信じているからです。

私が発達障害にかかわるようになったきっかけ、それは何度もお伝えしている通り息子が発達障害と診断されたことです。息子が発達障害と診断されたことで、私の人生は大きく変わりました。もちろん自分で言うのもなんですが、ここに至るまでには多くの絶望と、それでも立ち上がらなければ私たち親子が生きていけない社会がそこにはありました。

それでも、彼や発達障害の存在が、自分の中にある常識や固定概念を崩してくれたおかげで私の見える世界は大きく広がり、新たな気づきの連続が無知な私の人生を豊かにしてくれた。そして、世の中捨てたもんじゃないと思える社会をつくるための希望を与えてくれました。

息子が自分の体を張って、命をかけて、私に教えてくれたように、発達障害は多くのことを教えてくれる、新たな気づきを与えてくれる手掛かりなのだと理解してくれる味方が街の中に、この社会に増えていったら、息子のような子どもたちも、そして私のような親たちも、生きやすくて、日々の幸せを噛みしめられる喜びが増えていくのになと思っています。

発達障害のある子を育てる親が，皆，橋口さんのようになる必要はない。眼の前のことを大切に生き続けることも，社会を動かそうと思うことも，ささやかな幸せを心に留め置き続けることも，誰にも伝えることなくひっそりと生きることも，それは一人ひとりが決めることである。

でも，ある家族の歩みを読むことで，勇気づけられることはある。

その意味で橋口さんには感謝しかない。ありがとう。

田中康雄先生からのメッセージ⑥

が子が自ら動き，語りはじめたとき，きっとこうだと思っていたことが実は大きな勘違いだったことに気づくことがあると，親は，恥ずかしいやら，情けないやら。同時にそれまで，粛々と親の思いを受け入れ続けてきたわが子に，感謝と謝罪で胸が一杯になる。

それからであろうか，親子といっても，家族といっても，実はそれぞれが別の人生を生きていく１人の存在であることに，気づかされる。

ここでは，橋口さんの息子の青年期のエピソードが語れる。

そして母は気づく。全身で身を挺して守ってきたわが子から，手を引かざるをえなくなり，ただただハラハラと心配しながら，見守る立場に変わるしかないことに。

わが子との一体感に悩み，苦慮し，徐々に安定した関係性を築き，家族も増え，その家族とも有形無形に相互に支えあい，そして，徐々に一体感から斜め前に立ち，徐々に隣り合い，そして斜め後ろに後退し，とうとう，別々の道に立つ。

この小さな本で，橋口さんは，息子の成長だけでなく，親である御自身の育ちや，家族のありようと成熟の姿を語ってくれた。最初，ボクは，こんなふうに，１組の親子を，１人の母の思いを，知ってしまって良いのだろうかと戸惑った。でもここまで読んで，こんなふうに生きて，育ってきた家族と，親，そして子どものことを，知る事ができて本当によかったと思う。

エピローグ

～支えてくれた先生や家族への感謝と立派になった息子自慢～

田中先生へ

田中先生に、私の本の監修をしていただくこんな未来があるなんて、あの時の私にはまったく見えていませんでした。

先生と初めてお会いしたのは壇上のお姿で、有楽町で開かれていたＡＤＨＤの講演会でした。その頃の私は、発達障害の知識を持たない故に、息子にひどいことをしてしまった数々の罪悪感と、ＡＤＨＤという仰々しい言葉に圧倒されて、どんな些細なことでも息子のことが学べるのなら、どこへでも行って学びたいと言葉通り必死な時でした。

私は「親がしっかりしないといけない」と言われることを覚悟して、そしてそれこそが障害のある子の親としての学びの心得であると信じて、先生の言葉を一言も漏らさないようにノートとペンを握りしめて話を待ちました。でも、どうでしょう？　先生のお話が終わった後、私の手元にあったのは涙でぐしゃぐしゃに濡れた何一つメモなんてとっていないノートとハンカチでした。

息子が発達障害と診断されたらされたで、診断前以上に親がしっかりしなさい、親がもっと学ばないといけないと、周囲から枕詞のように「親なんだから」といつも言われていた私は、田中先生に意表を突かれました。

私たち親がどんな思いでわが子を育てているの

か、そしてわが子の発達障害について必死で向き合い、必死で学んでいる私たちに、先生は壇上から私たち親の心に寄り添ってくれました。

田中先生は覚えていないと思いますが、私にとって2回目となる田中先生の講演会の帰り道、決して待ち伏せしてたわけでもストーカーでもないけど、田中先生が帰られる姿を見つけて、声をかけるかかけまいか、でもかけると決断した時に見失ってはいけないと、先生の後をついて行きました。今の私ならこの図太さからすぐに声をかけていますが、当時の私は、しばらくたってから勇気を出して先生に声をかけました。

「僕の話を聞いてくれてありがとう。医者の僕にできることは限りがあるんです。だから、お子さんに一生懸命に向き合われている親御さんには頭が下がる思いでいっぱいです。どうかご自分を責めたりせずに、橋口さんもご自身を大切にしてくださいね。」

田中先生、先生のあの時の言葉がなかったら、発達障害の学びの場にこんなにも足を運ばなかったし、この本も書こうとは思えなかった。社会から責められることの多い私たち親を決して否定せず、決して追い立てず、そしていつも穏やかに温かく、私たち親の伴走者として「親としての育ち」を見守るその眼差しがあったから、私は正々堂々と親をやってこれたのです。

田中先生、本当に、本当に、ありがとう！

そして、この本のために素敵な言葉をたくさん散りばめてくれて本当にありがとう！

二上先生へ

二上先生、お元気ですか？　天国ではどんな世界が見えていますか？

きっと天国でも二上先生はお医者さんを続けられていて、私たちのようなたくさんの親子を空の上からずっと見守ってくれているのでしょうね。

二上先生、報告です！

息子はとても立派に育ちましたよ。今ではもう社会人です。信じられないでしょう？　あんなに小さかった息子が社会人なんて。

先生が亡くなって、心の拠り所がなくなってしまって、思春期には親であることの自信も失いかけましたが、それでも、なんとかがんばって育てることができたと思っているのですが、ちゃんと見てくれていましたか？　「橋口さん、それはまずいよ」と叱りたくなることもいっぱいあったとは思いますが…

いつだったか、二上先生は「橋口さんはいつの日か息子さんに感謝する日が来ますよ」と私におっしゃいましたよね。

落ち着いて子育てを振り返られるようになったこの頃、二上先生が私に残してくれたこの言葉がずっとこだましていました。子育ての渦中にいる時は、そんなこと思える日なんて来るわけないと先生の言葉を疑ったこともありました。でも、この本の執筆を通して私の育児を振り返った時、やっとその言葉の真意がわかりました。

「この子たちは僕たち大人を問うてる存在で、僕たち大人こそが学ばせてもらってるんだよ」

二上先生の言葉通り、私の育児はまさしく学びそのものでした。

二上先生だから正直に言うけど、つらくてしんどいこともいっぱいあったから二度とこの人生は歩みたくないって思う時もあったけど、それでも今は負け惜しみでもなく、多くのことを学ばせてもらった息子には感謝の気持ちでいっぱいと胸を張って言える。息子の子育てを終えた今、こんなにも感謝で、こんなにも幸せな気持ちになるなんて、まさかこんな時が来るなんて思いもしなかったけど、二上先生は最初からぜーんぶわかってたんですね。こんな気づきを与えてくれた二上先生は、やっぱりすごいです。

多分、近い未来に息子は結婚して、親になる時が来ると思います。その時は天国から祝福して、そして私たち親子をずっと見守ってくれていたように、息子の家族も見守っていてもらえませんか？　それが今一番に、二上先生にお願いしたいことです。二上先生、どうかこれからもよろしくお願いします。

そして最後に、大きなわがままを聞いてください。

ねぇ、二上先生、「すごいよ、よくやったね」とこれまでの私を褒めてくれませんか？

世界で一番大好きな旦那さんへ

過言ではなく、あなたの存在なくしては、私の育児は成立しませんでした。

私との結婚を機に、息子のもう一人の父親になることはどんなに覚悟のいることだったかと思います。でも、そんなことを言うと、「僕はそんな覚悟なんかしていないよ。息子のいる君と結婚したのだから当然のことで、僕にできることをしただけだよ」と、さらりと言うかもしれません。

あなたと結婚してもどうにもならない育児に悩んでいた私には、過去に引き続いて小さな自殺願望がありました。育児が困難との理由は言い訳で、私自身が私の存在を許せなかったのかもしれません。

時にはあきれられて、時には本気でぶつかり合ったこともありましたが、それでも、あなたがどんな時でも私を大切にしてくれて、パートナーとしての愛情だけでなく、私が求めていた母親のような愛情までも注いでくれたことが、今私がここに存在し、私たち親子が親子としていられた理由です。

世界で一番大好きな旦那さん、息子を一緒に育ててくれて本当にありがとう。

そして、これからも活動家としての私の一番の味方として、どうか私を最大のエールで応援してほしいです。

ママであることの楽しさと幸せをくれた娘へ

ママを選んで、ママの子どもに産まれてきてくれて本当にありがとう。

お兄ちゃんの子育てですっかり母親としての自信をなくしていたママは、本当はあなたを産むことがとても怖かった。でも、あなたを育てる時間とあなたの存在が、そんな怖さを楽しさと幸せへと大きく変えてくれました。

きっと神様はこんなダメダメなママのために、「子育てってこんなに楽しいんだよ」「こんなに幸せなんだよ」ってことを教えるために、あなたを授けてくれたって思っています。

手をつないで「コンコンクシャンのうた」を一緒に歌いながら近所を歩いたりなんて、子育てでは当たり前でささやかな、そんな出来事をわが子とできることが、ママは本当にうれしかった。手を握りしめながらママであることの喜びを噛み締めたことは今でも忘れられません。

そして、いつしか優しさに満ち溢れたあなたは、家族の中の一番のお兄ちゃんの理解者となって、時にはママとお兄ちゃんの通訳や仲介者となって、時にはお兄ちゃんへの接し方の指南役となって、パパとママを支えてくれましたね。

兄妹仲良く、お互いに大切に思っている姿を見れることがママはとても幸せです。

ママは、今、おばあちゃんへの進化中と成長期真っ只中で、若さでなんとか乗り切ったお兄ちゃんの時のように体力が追いつかないことがいっぱいあって迷惑をかけていますが、これからもよろしくお願いします。

人間と人生の奥深さを教えてくれた息子へ

まず最初に、いっぱい嫌な思いをさせてしまったこと、本当にごめんなさい。

一番よくわかっていると思うけど、お母さんは情けないほどダメダメな母親で、今思い出すだけでも猛省なんて言葉では言い表せないほど、あなたをたくさん傷つけてしまったと過去を振り返っています。

でも、もし言い訳が許されるなら、世間一般的な親の決まり文句かもしれないけど、お母さんはお母さんなりに一生懸命やってきたことだけはわかってほしいのです。

お母さんはあなたの母親になれたと言えるのは死ぬ時なんだろうなと、いつも思いながら生きてきました。つまり、まだ今もなお発展途上の未熟な母親であると思っているのです。

子どもが一番言われたくない「母親やめたい」と言ってしまったこともあったけど、でも、それでも、どんな時でもいつだって、死ぬ時にあなたの母親をやれたと言えるように、不器用でおっちょこちょいながらも必死で生きてきたつもりです。

だから許してほしいなんて言えないけど、必死に生きてきたことだけはわかってほしいなと思っています。そしてお母さんが必死で生きてきた姿が、今後のあなたの未来に少しでも役に立ってほしいなと切に願っています。

あなたが社会人になって、これまでの確執なんてなかったかのように、普通に話せるこんな今を迎えられていることがまるで夢のようで、でもこれまでがあったからこそ今を迎えられているのだとも実感しているこの頃、あなたと発達障害は私の人生を大きく変えてくれたと実感しています。

お母さんは今、あなたのおかげで、微力だけど社会を変える希望と夢に満ち溢れています。

あなたは私に多くの驚きと気づきをたくさんくれましたね。私があなたを育てたのではなく、あなたと発達障害が私を人として育ててくれたのだと確信しています。

あなたと発達障害の存在は決して社会から何かをしてもらう存在ではありません。あなたと発達障害が社会を変える存在なのです。

だから、お母さんがいつか死んでもこれまで通り自信を持って生きていってください。

最後に、お母さんの子として生まれてきてくれて本当にありがとう。

そして、あなたを育てられたことに、あなたの母親であることに心から感謝を込めて、

ありがとう！

２０２０年をともに迎えて　橋口亜希子

監修者

田中康雄（たなか・やすお）

こころとそだちのクリニックむすびめ院長。北海道大学名誉教授。児童精神科医。精神保健指定医。日本児童青年精神医学会認定医。臨床心理士。

発達障害の子や家族とのつながり、支え合いを大切に日々の診療を行い、家族に寄り添う活動を続けている。

主な著書：『ラポムブックス　気になる子の保育Q&A　発達障がいの理解とサポート』著、学研プラス、『こころライブラリー　大人のAD/HD注意欠如・多動（性）障害』監修、講談社、『ADHDとともに生きる人たちへ─医療からみた「生きづらさ」と支援』著、金子書房など多数。

著　者

橋口亜希子（はしぐち・あきこ）

橋口亜希子個人事務所代表。発達障害を手掛かりとしたユニバーサルデザインコンサルタント。産業カウンセラー。米国NLP協会認定マスタープラクティショナー。

厚生労働省社会保障審議会障害者部会委員、内閣官房「ユニバーサルデザイン2020」心のバリアフリー・街づくり分科会委員、一般社団法人日本発達障害ネットワーク事務局長などを歴任し、現職。

約20年の発達障害支援活動を活かした講演・研修を行うとともに、民間企業と協同して発達障害に関するユニバーサルデザインなどにも取り組む。

そのママでいい
発達障害の子を育てるあなたに贈る43のエール

2020年2月10日　発行

監修者　田中康雄
著　者　橋口亜希子
発行者　荘村明彦
発行所　中央法規出版株式会社
〒110-0016　東京都台東区台東3-29-1　中央法規ビル
営　業　Tel 03(3834)5817　Fax 03(3837)8037
取次・書店担当　Tel 03(3834)5815　Fax 03(3837)8035
編　集　Tel 03(3834)5812　Fax 03(3837)8032
https://www.chuohoki.co.jp/

印刷・製本　株式会社アルキャスト
装幀・本文デザイン　二ノ宮 匡（ニクスインク）
カバーイラスト　葉祥明
本文イラスト　BONNOUM

定価はカバーに表示してあります。
ISBN978-4-8058-5996-4